Abecé
Visual

El Abecé Visual de

EL UNIVERSO

Abecé
Visual

© de esta edición: 2013, Santillana USA Publishing
Company, Inc. 2023 NW 84th Ave, Doral FL 33122

Publicado primero por Santillana Ediciones Generales, S. L.
C/Torrelaguna, 60 - 28043 Madrid

Coordinación editorial: Área de Proyectos Especiales.
Santillana Ediciones Generales, S. L.

REDACCIÓN Y EDICIÓN
Juan Andrés Turri

ILUSTRACIÓN
Claudio González

DISEÑO DE CUBIERTAS
Gabriela Martini y asociados

El abecé visual del universo
ISBN: 978-84-9907-001-8

Printed in USA by NuPress of Miami, Inc.
18 17 16 15 14   2 3 4 5 6 7 8 9

Índice

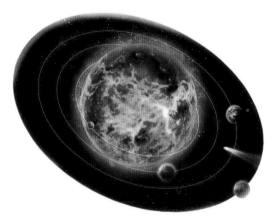

¿**Qué** es el Big Bang?

Explicar el origen y la evolución del Universo es uno de los grandes desafíos de la ciencia. Con ese objetivo, los astrónomos formulan diversas teorías. La más aceptada expresa que una gran explosión llamada *Big Bang,* iniciada hace unos 13 700 millones de años, produjo la aparición de la materia, la energía, el espacio y el tiempo. En sucesivas etapas, estos elementos conformaron el Universo conocido en el que se identifican millones de galaxias.

¿Qué es el Universo?

Por lo general, cuando se habla o se describe el Universo, se hace mención a las galaxias y a todo aquello que hasta el momento conocen los seres humanos desde la Tierra, con sus cinco sentidos y con las teorías y los instrumentos tecnológicos con que cuentan. ¿Qué había antes del primer *Big Bang* o Universo conocido? Por ahora este es un misterio que los científicos dejan en manos de teólogos y filósofos.

Los elementos del Universo

Un segundo después de la explosión comenzaron a formarse protones y neutrones, y unos 400 000 años después estos se agregaron electrones para formar átomos; y los átomos formaron moléculas, y estas luego fueron nubes de gases, principalmente de hidrógeno y helio. De estas nubes surgieron las estrellas, los planetas, los cometas, los asteroides.

Universo conocido, Universo aún por conocer

Una fuente esencial de conocimiento sobre el Universo es la radiación electromagnética que emiten los astros y que los seres humanos pueden captar de diferentes maneras desde la Tierra o con instrumentos tecnológicos enviados al espacio. Hace unas décadas los astrónomos sostenían que el Universo estaba formado, esencialmente, por hidrógeno y otros elementos básicos conocidos que solo difieren en su número de protones, electrones y neutrones. No obstante, en la actualidad, los científicos han ido acumulando evidencias de la existencia de otro tipo de materia que no emite radiación observable en el espectro electromagnético. A esa materia se la llama oscura porque no puede detectarse como luz visible. Es más, algunos investigadores sostienen que el 96% del Universo estaría formado por materia oscura y por elementos u objetos aún no descubiertos.

¿Nuestro Universo es finito o infinito?

Esta es una de las respuestas que a la ciencia le resulta más difícil elaborar. Existen varias hipótesis, como por ejemplo, las siguientes:

- *Volviendo al principio.* Nuestro Universo comenzará a contraerse en algún momento y aumentará su temperatura hasta llegar nuevamente a su estado inicial (es el *Big Crunch*).
- *Hacia el caos y el infinito.* El Universo sufre un proceso de deterioro y desorden que lleva al caos. Pero este no conduce a la muerte del Universo, sino a su expansión infinita.
- *No existe un solo Universo, sino múltiples.* El *Big Bang* es un fenómeno que se repite en distintas regiones del espacio y del tiempo creando universos paralelos.

Las escalas del Universo

Este es nuestro Universo conocido.

En las galaxias se han observado, hasta ahora, estrellas grandes, medianas y pequeñas, púlsares, supernovas, nebulosas (nubes de gas y polvo), agujeros negros, quásares.

Está formado por cúmulos o conjuntos de galaxias.

Un Universo en expansión

A partir de las investigaciones del astrónomo Edwin Hubble se desarrolló la teoría del Universo en expansión. Según esta, la gran explosión del *Big Bang* fue tan violenta que, a pesar de la atracción de la gravedad entre los cuerpos celestes, el Universo todavía se expande. Los instrumentos astronómicos han registrado que las galaxias que están a mayor distancia de nosotros se están alejando unas de otras a gran velocidad. Para explicar este proceso los astrónomos debaten varias ideas sobre ciertas variaciones en la fuerza gravitatoria o en los efectos de elementos aún desconocidos, como la materia o energía oscura.

Una de esas galaxias es la Vía Láctea.

Una de las estrellas de la Vía Láctea es el Sol, que forma el sistema solar, donde está la Tierra que habitamos.

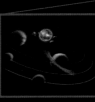

La Vía Láctea, como otras galaxias, está formada por nebulosas y estrellas.

¿**Cómo** son las estrellas?

Las estrellas son masas de gases, principalmente hidrógeno y helio, que emiten luz. Desde la Tierra podemos tener la impresión de que son todas iguales, no cambian y están fijas en el espacio. Sin embargo, las estrellas nacen, tienen distintas características, y cambian a través de millones de años hasta morir. Si bien se puede decir que la vida de la estrella se apaga, ese final es complejo, ya que algunas estrellas estallan formando una nebulosa y otras se transforman en cuerpos muy pequeños, fríos y con poco brillo.

Hay estrellas de diferentes masas, tamaños, luminosidad y temperatura.

¿Qué tienen en común las estrellas?

Durante la mayor parte de sus vidas las estrellas convierten, por fusión nuclear, hidrógeno en helio, y liberan energía y materia al espacio en forma de radiación electromagnética (de la que forma parte la luz). Cuando el hidrógeno se agota, comienza su ocaso.

Color, temperatura y tamaño

A simple vista se pueden ver distintos colores entre las estrellas, que reflejan diferencias de temperatura: las estrellas violetas son más calientes que las azules, estas son más calientes aún que las blancas; luego siguen las amarillas, que son menos calientes que las blancas pero más que las rojas. Por otra parte, de acuerdo con sus dimensiones, las estrellas son supergigantes, gigantes, medianas, pequeñas y enanas. Las dos características se combinan para identificar estrellas, por ejemplo: gigantes rojas, enanas blancas.
Las estrellas más grandes son las menos masivas o densas, porque en realidad los gases se expanden o «se inflan»; las más pequeñas, en cambio, son más densas.

Evolución de las estrellas

Toda estrella surge de una nebulosa (1). En un momento dado, dentro de ella se forma, por la fuerza gravitatoria, una nube de gas llamada protoestrella (2). Cuando la temperatura aumenta en esa nube, comienzan los procesos de fusión que dan origen a una estrella (3).
Las transformaciones que se producen en una estrella hasta su muerte dependen de su masa inicial.
A. Las de masa pequeña evolucionan como: (4) gigante roja; (5) nebulosa planetaria y enana blanca en su interior; (6) enana blanca; (7) enana negra.
B. Las de masa grande evolucionan como: (4) supergigante; (5) supernova (explotan); (6) estrella de neutrones o (7) agujero negro.

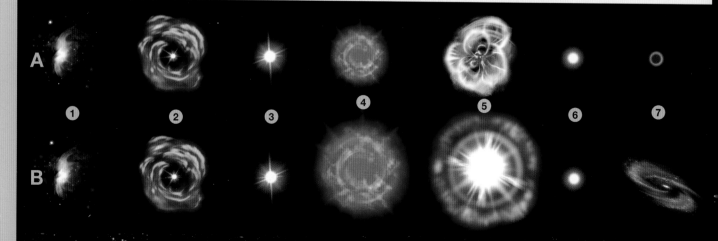

A

① ② ③ ④ ⑤ ⑥ ⑦

B

Cuanto mayor
es la masa
de una estrella,
más rápido
terminará su vida.

Las estrellas gigantes rojas
son las más grandes.
Pueden ser 100 veces
más grandes que la estrella
original. Un ejemplo de gigante
roja es Betelgeuse, de la
constelación de Orión.

El Sol es una estrella pequeña de edad
mediana. Tiene las mismas características
que cualquier otra estrella. Es de tamaño
mediano-pequeño y, además, existen
estrellas mucho más brillantes o más tenues,
más calientes o más frías que él. Se calcula
que la muerte del Sol se producirá dentro
de 5000 millones de años.

Clasificación de las estrellas

Si bien cada estrella es única y diferente,
los astrónomos las agrupan y clasifican
para estudiarlas mejor. El diagrama HR
(de Hertzsprung y Russell) agrupa las estrellas
según su luminosidad y su temperatura.

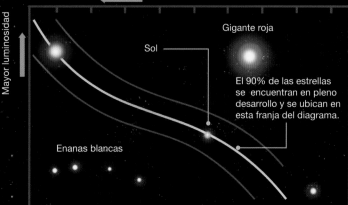

Mayor temperatura

Mayor luminosidad

Sol

Gigante roja

El 90% de las estrellas
se encuentran en pleno
desarrollo y se ubican en
esta franja del diagrama.

Enanas blancas

Estrellas múltiples

El 50% de las estrellas que vemos
en el cielo no están solas, sino que
forman un sistema de dos o más
estrellas próximas que solo se pueden
identificar con instrumentos especiales.

¿**Por qué** no se ven los agujeros negros?

La explicación de qué es un agujero negro fue elaborada por primera vez en 1783 por el físico británico John Michell. El término «agujero negro» (u hoyo negro) fue aplicado por el astrofísico John Wheeler en 1969 para describir «algo importante» en el espacio estelar cuya presencia se puede intuir, pero no se puede ver directamente.

Agujero negro en la Vía Láctea

En 1999 el telescopio Chandra de la NASA captó una gran explosión de rayos X y emisiones de radio en el centro de la galaxia. Estos hechos y otros indicios más convencieron a muchos astrónomos de que existe un agujero negro en el centro de nuestra galaxia. La hipótesis de los científicos es que la explosión se debió a la caída hacia el agujero de material galáctico con una masa semejante a la de un cometa o asteroide. Es decir, que el agujero negro habría tragado algún elemento atrapado en su campo gravitatorio.

Estrellas y otros cuerpos celestes atraídos y «tragados» por el agujero negro.

¿Por qué es negro?

Es «negro» en el sentido de que ni siquiera la luz puede escapar de él y porque cualquier evento que suceda en su interior queda oculto para siempre.

Como en el *Big Bang,* en los agujeros negros se da una *singularidad,* es decir, las leyes físicas no son aplicables y la capacidad de predicción es nula. En consecuencia, ningún observador externo puede ver qué pasa dentro de un agujero negro. Es, por ahora, un mundo desconocido.

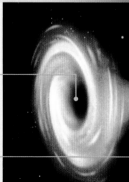

En ciertas condiciones, hay estrellas con una masa igual u ocho veces superior a la del Sol que, al colapsar al final de su vida, se contraen y cada vez tienen más masa en menos volumen.

Formación de agujeros negros estelares

¿Cómo se identifica un agujero negro?

Una estrella que se convierte en agujero negro toma material de otra estrella cercana. Es como si la aspirara, y el remolino que se acerca al agujero negro se mueve muy rápido y emite rayos X. Estos rayos se pueden detectar desde la Tierra.

Agujero negro

La fuerza de gravedad aumenta cada vez más y llega un momento en que la atracción gravitatoria es tal que no permite que nada se escape.

Debido a la atracción gravitatoria, la trayectoria de la luz se curva y vuelve hacia el agujero negro.

Agujeros negros: fuerzas depredadoras

Los agujeros negros arrastran hacia ellos los objetos celestes que los rodean, calentándolos y haciéndolos brillar. Una estrella o cualquier cuerpo celeste, al acercarse demasiado a un agujero negro, es atraído por su enorme campo de gravedad. El cuerpo se estira hasta que es destrozado y engullido por el agujero. Una vez que es tragado, ya nada se sabrá de él. Los agujeros negros son difíciles de detectar. Se cree que cada galaxia tiene un gran agujero negro en su centro, aunque algunos pueden ser más activos que otros.

¿**Cuántas** estrellas tiene una galaxia?

La Vía Láctea

Se la considera una galaxia con forma de espiral y también se especula que puede ser del tipo barrada. Dentro de la galaxia se encuentran diversos tipos de estrellas y nebulosas.

L as galaxias son inmensas concentraciones de estrellas, polvo y gases que están unidos por la fuerza gravitatoria y orbitan alrededor de un centro común. En el Universo existen miles de millones de galaxias, unas mucho más grandes que otras. En algunas galaxias hay una actividad continua de formación de estrellas; en otras, el proceso ha terminado. La Tierra se encuentra en una galaxia mediana –la Vía Láctea– con más de 100 000 millones de estrellas. Una de ellas es el Sol.

Brazos de la galaxia. La galaxia tiene varios brazos en espiral. En uno de ellos, denominado brazo de Orión, se encuentra el sistema solar.

Supercúmulos.
Las galaxias se agrupan con otras en cúmulos. Varios cúmulos forman supercúmulos, que son las estructuras más complejas del Universo.

Origen y evolución de las galaxias

Se cree que las galaxias comenzaron a formarse 1000 millones de años después del *Big Bang*. Las galaxias tienen una vida dinámica en el transcurso de millones de años: nacen, crecen, chocan con otras galaxias, mueren.

Sistema solar. El Sol, la Tierra y los demás planetas del sistema se encuentran alejados del centro de la galaxia. El Sol se mueve a unos 270 km/s (10,066 mpmin), y tarda aproximadamente 225 millones de años en completar un giro alrededor del centro o núcleo de la galaxia.

Galaxias que colisionan

Algunas galaxias se alejan entre sí, pero otras colisionan. Los astrónomos han podido observar mediante telescopios la colisión de galaxias. En ese proceso nacen millones de estrellas. Uno de los casos detectados es el de las galaxias Antennae, que comenzaron a fusionarse hace 500 millones de años. Los científicos estudian esta y otras colisiones para tener una idea de lo que puede ocurrir cuando colisionen la Vía Láctea y la galaxia Andrómeda dentro de unos 6000 millones de años.

Núcleo. Es la zona de mayor concentración de estrellas más viejas. Se cree que en su centro hay un agujero negro.

El Grupo Local

La Vía Láctea forma, junto con otras 30 galaxias, un grupo vinculado por la gravedad llamado Grupo Local. En ese conjunto, la galaxia espiral Andrómeda es la de mayor dimensión (tiene el doble de tamaño que la Vía Láctea). La Gran y Pequeña Nube de Magallanes son galaxias pequeñas e irregulares, satélites de la Vía Láctea. El Grupo Local forma junto con otros grupos el cúmulo de Virgo.

Galaxia M33

Galaxia Andrómeda

Vía Láctea

Galaxia NGC 6822

Pequeña Nube de Magallanes

Gran Nube de Magallanes

Cúmulos globulares. Son agrupaciones de miles de estrellas que están ligadas por la gravedad.

Tipos de galaxias

Las galaxias tienen diferentes tamaños y formas. Los astrónomos las agrupan, según su forma, en tres tipos principales: espirales, elípticas e irregulares.

Galaxias espirales

Tienen un núcleo formado por viejas estrellas de tonos amarillos y naranjas y un disco con brazos en espiral formados por estrellas jóvenes de tonos azules, además de gas y polvo interestelar.

Galaxias espirales barradas

Son un subtipo de galaxia espiral que se distingue porque en el núcleo las estrellas forman una barra cruzada.

Galaxias elípticas

Semejan un núcleo sin disco y tienen una luminosidad con apariencia uniforme. Están formadas por estrellas viejas de tonos amarillos.

Galaxias irregulares

Estas galaxias no presentan simetría o una forma definida. No tienen núcleo ni disco. Ejemplos de este tipo de galaxias son las nubes de Magallanes.

¿**Qué** se puede ver con los telescopios?

En el transcurso de la historia, la humanidad desarrolló instrumentos, como los telescopios, para poder observar más y mejor el cielo. Los telescopios captan la radiación electromagnética que emiten los cuerpos celestes hacia distintas direcciones del Universo. Por eso, aun aquellos cuerpos que se encuentran a gran distancia de la Tierra o del sistema solar pueden ser captados por un telescopio instalado en la Tierra o en una nave espacial.

Los telescopios espaciales funcionan como observatorios. Permiten que los astrónomos estudien regiones del Universo sin la interferencia de la atmósfera terrestre y están construidos para captar aquello que el ojo humano no ve, como las longitudes de onda más cortas del espectro electromagnético.

Rayos X.
Junto con los rayos gamma, son los de menor longitud de onda y son absorbidos por la atmósfera.

Luz visible.
Es solo una pequeña parte de la radiación electromagnética que existe y es captada por el ojo humano.

Los telescopios espaciales se especializan solo en ciertos rangos del espectro electromagnético. Por ejemplo, el telescopio Hubble se especializa en el rango visual; el Chandra, en el de rayos X; el Compton, en el de rayos gamma, y el Spitzer, en el rango del infrarrojo.

Radiación ultravioleta.
Es absorbida en gran parte por la atmósfera, especialmente por el ozono.

Observatorios en la Tierra: la mayoría tiene telescopios ópticos que captan la luz visible; algunos tienen telescopios que captan radiación infrarroja.

Longitud de onda

Es la distancia entre dos crestas de dos ondas consecutivas. Se utiliza como medida para definir el tipo de radiación electromagnética: las ondas más cortas son las de mayor energía, y viceversa. Por ejemplo, en el espectro electromagnético, la radiación ultravioleta tiene menor longitud de onda que las ondas de radio.

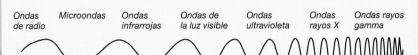

| Ondas de radio | Microondas | Ondas infrarrojas | Ondas de la luz visible | Ondas ultravioleta | Ondas rayos X | Ondas rayos gamma |

En la Tierra se puede captar la luz visible, parte de la radiación infrarroja y las ondas de radio. La atmósfera terrestre actúa como barrera para las radiaciones con menor longitud de onda, como los rayos gamma, los rayos X o los rayos ultravioleta.

La cúpula del observatorio es giratoria y se abre para realizar las observaciones.

El observatorio por dentro

Los observatorios se construyen en lugares altos para que la atmósfera interfiera lo menos posible. Están equipados con telescopios controlados por ordenadores.

Los telescopios grandes permiten ver objetos más lejanos.

En la sala de control se utilizan ordenadores.

Telescopios ópticos

Sirven para captar la luz. Hay dos tipos básicos: los de refracción, que usan lentes, son los más antiguos; y los de reflexión, que usan espejos, son los más utilizados en la actualidad.

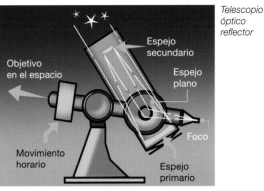

Telescopio óptico reflector

Objetivo en el espacio

Espejo secundario

Espejo plano

Foco

Movimiento horario

Espejo primario

Telescopios espaciales que orbitan la Tierra. Pueden captar las radiaciones con menores longitudes de onda.

Telescopio espacial Hubble

Es el más famoso de los telescopios espaciales. Ha tomado más de 500 000 fotografías de alta calidad en distintas partes del Universo.

Capta la radiación.

Transmite la información a un satélite.

Atmósfera

Radiación infrarroja. Es radiación térmica (calor) absorbida por el vapor de agua en la atmósfera.

Ondas de radio. Penetran por «ventanas» en la atmósfera y pueden ser captadas en tierra.

Los radiotelescopios captan las ondas de radio. Se pueden utilizar varias antenas que observan simultáneamente el mismo objeto.

La información producida en el Hubble es transmitida hacia estaciones terrenas como las de la NASA y puede llegar, a través de Internet, a distintas partes del mundo.

Por día, los astrónomos del mundo obtienen más de 20 gigabytes de información procedente del Hubble.

E

n el Universo actúan fuerzas que generan los procesos de formación y expansión de las galaxias, el nacimiento y muerte de las estrellas, entre otros. Algunas de esas fuerzas son la electromagnética, la nuclear y la de gravitación universal. Esta última es de gran importancia, porque mantiene unidos a los elementos que forman los astros y a los astros entre sí.

La fuerza gravitacional

La gravedad es la fuerza de atracción entre los cuerpos celestes. Depende de la masa de los objetos y de la distancia que los separa. Cuanta más masa tienen y más cerca están, mayor es la fuerza. Cuanto menor es la masa y mayor es la distancia, la fuerza disminuye. Esta ley se aplica a todos los cuerpos del Universo.

1. La Tierra y la Luna se atraen

La fuerza gravitatoria no es tan intensa como para provocar un choque entre la Tierra y la Luna. Sin embargo, la atracción de la Tierra influye en la rotación de la Luna, frenándola. De esta manera, la Tierra y la Luna tienen una rotación «sincrónica», lo que explica en gran medida por qué siempre vemos el mismo lado de la Luna. Por otra parte, la atracción de la Luna sobre la Tierra es suficiente para producir las mareas terrestres.

¿Por qué no choca un cuerpo con otro?

Porque los cuerpos, además de dirigirse hacia otros, se desplazan lateralmente. El movimiento lateral mantiene al cuerpo girando. Sin el movimiento lateral se caería sobre otro cuerpo, y sin la atracción hacia el mismo, saldría disparado en línea recta.

2. El Sol atrae a la Tierra

La Tierra y los demás planetas giran alrededor del Sol, es decir, orbitan. La gravedad del Sol atrae a los demás cuerpos celestes del sistema solar. El Sol tiene una masa mucho mayor que la de los planetas. Por esto los planetas giran a su alrededor. La gravedad del Sol atrae a la Tierra y los planetas, como estos atraen a cualquier elemento que esté en su superficie. Por eso, todos tenemos «los pies en la Tierra».

Una parte del Universo como si la miráramos por un telescopio

La imagen central representa un sector del Universo, con galaxias y estrellas, semejante al que observan los astrónomos a través de los telescopios.

Las imágenes de sectores lejanos del Universo, captadas con instrumentos de alta precisión, han permitido a los científicos avanzar en el estudio de la gravedad y sus efectos. Sin embargo, todavía quedan muchas preguntas sin responder.

¿Qué es la energía o materia oscura?

Los astrónomos creen desde hace tiempo que existe una sustancia invisible que también es una fuente de gravedad y sin la cual no estarían unidos los cúmulos galácticos. Los astrónomos aún no conocen mucho sobre la gravedad y la materia oscura. Manejan la hipótesis de que esta última es un tipo de partícula elemental que inunda el Universo. El sector azulado de la imagen indicaría que la luz entre las galaxias se ha curvado. Esto es interpretado por algunos científicos como un indicador de que allí hay materia oscura.

Entre Isaac Newton y Albert Einstein

Entre los estudiosos que más han influido con sus ideas para explicar la fuerza de gravedad, destacan Newton y Einstein. El británico Isaac Newton fue el primero en elaborar, en 1684, una teoría (un modelo matemático) que describe la atracción gravitacional tanto en la Tierra como en el resto del Universo. Posteriormente, a principios del siglo xx, Albert Einstein en su teoría de la relatividad definió la gravedad, no como una fuerza, sino como una curva alrededor de un cuerpo celeste. Dicho de otra manera, una estrella o un planeta forman como un pozo en el espacio, y aquellos cuerpos que se acercan podrían caer en él.

Preguntas que aún no tienen respuestas

Los físicos, matemáticos, astrónomos y otros tantos científicos que han estudiado la gravedad han podido describir bastante ampliamente el comportamiento de los objetos bajo la influencia de la fuerza gravitatoria. Sin embargo, aún no se entiende bien qué es esta fuerza y cuáles son sus mecanismos.

3. Las estrellas se atraen entre sí y las galaxias también

La gravedad es lo que hace que las estrellas giren alrededor de un punto central formando galaxias. Las galaxias también se atraen entre sí por gravedad, y forman los cúmulos de galaxias. Los astrofísicos han observado que las estrellas y galaxias se mueven demasiado deprisa, ya que están sostenidas solo por su gravedad mutua. Por otra parte, si no existiese otra fuerza además de la gravitatoria, las estrellas y galaxias saldrían disparadas en todas direcciones. ¿Existe otra fuerza? ¿Cuál es? ¿Es la materia oscura? Estas son algunas de las preguntas que desvelan en la actualidad a los estudiosos del Universo.

¿Qué pasaría en el Universo sin la gravedad?

Son muchas las respuestas, porque son muchas las consecuencias. Por ejemplo, no habría galaxias, ni estrellas; o no habría sistema solar porque el Sol no atraería a los planetas; o se desprendería la atmósfera de la Tierra y todo lo que se encuentra sobre la superficie terrestre; o la Tierra se desintegraría.

¿A **qué** se llama
sistema solar?

El Sol ejerce atracción sobre una variedad de cuerpos celestes que orbitan a su alrededor por la fuerza gravitatoria: planetas, satélites de algunos de ellos, asteroides, cometas, polvo y gas interplanetarios. Este conjunto es conocido como sistema solar. Desde agosto de 2006 la Unión Astronómica Internacional estableció que el sistema solar está formado por ocho planetas, entre los que se incluye la Tierra. También se han identificado otros cuerpos celestes que, por sus dimensiones o por las características de sus órbitas, no llegan a ser como los demás planetas. Se los agrupa como planetas enanos o cuerpos menores del sistema solar, entre los que se encuentran los cometas y los asteroides.

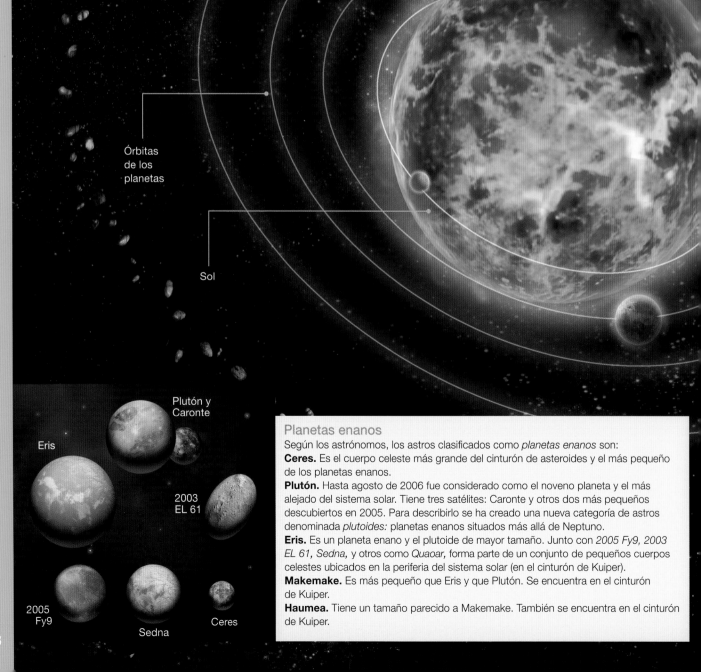

Órbitas
de los
planetas

Sol

Plutón y
Caronte

Eris

2003
EL 61

2005
Fy9

Sedna

Ceres

Planetas enanos

Según los astrónomos, los astros clasificados como *planetas enanos* son:

Ceres. Es el cuerpo celeste más grande del cinturón de asteroides y el más pequeño de los planetas enanos.

Plutón. Hasta agosto de 2006 fue considerado como el noveno planeta y el más alejado del sistema solar. Tiene tres satélites: Caronte y otros dos más pequeños descubiertos en 2005. Para describirlo se ha creado una nueva categoría de astros denominada *plutoides:* planetas enanos situados más allá de Neptuno.

Eris. Es un planeta enano y el plutoide de mayor tamaño. Junto con *2005 Fy9, 2003 EL 61, Sedna,* y otros como *Quaoar,* forma parte de un conjunto de pequeños cuerpos celestes ubicados en la periferia del sistema solar (en el cinturón de Kuiper).

Makemake. Es más pequeño que Eris y que Plutón. Se encuentra en el cinturón de Kuiper.

Haumea. Tiene un tamaño parecido a Makemake. También se encuentra en el cinturón de Kuiper.

Más allá de Neptuno y en los límites exteriores del sistema solar existe el *cinturón de Kuiper*, formado por incontables objetos de hielo y roca que orbitan alrededor del Sol. Este cinturón de asteroides (u objetos transneptunianos) sería el sobrante de la formación del sistema solar. En él se han identificado varios planetas enanos y el origen de numerosos cometas.

Entre Marte y Júpiter se encuentra una concentración de objetos rocosos y metálicos que orbitan alrededor del Sol. Se la conoce como el *cinturón de asteroides*. Los asteroides son demasiado pequeños para ser considerados planetas: el más grande es Ceres (su diámetro es de unos 1000 km [621 mi]) y los más pequeños tienen el tamaño de un guijarro.

La Tierra
El planeta Tierra se ubica en la tercera órbita más alejada del Sol. Tiene un satélite, la Luna.

Cometa

El origen del sistema solar
Los astrónomos desarrollaron varias teorías. En general, coinciden bastante en suponer que los componentes del sistema solar se formaron en un mismo proceso. Este se habría originado hace unos 4600 millones de años en una nebulosa en colapso gravitatorio: allí se generó la contracción de su núcleo y un giro desbocado alrededor del mismo. Del núcleo surgió el Sol y parte del material interestelar se convirtió en un disco aplanado del cual surgieron los demás componentes del sistema solar (planetas, asteroides, etcétera).

Los ocho planetas

Mercurio

Venus

Tierra

Marte

Júpiter

Saturno

Urano

Neptuno

¿A **qué** distancia está la
estrella más próxima?

La estrella más próxima a la Tierra es el Sol. Está a unos 150 millones de kilómetros. Pero más allá del sistema solar las distancias son mucho mayores. Por eso los astrónomos utilizan medidas especiales. Una de las más empleadas para medir las distancias entre las estrellas es el *año luz*. La estrella más cercana a nuestro sistema solar se encuentra a unos cuatro años luz; esto quiere decir que un haz de luz que partió de la estrella tardó unos cuatro años en llegar a la Tierra.

Los telescopios como el Hubble fotografían objetos muy lejanos. Cuando vemos una fotografía de una galaxia que está a 300 millones de años luz, lo que vemos es como era este cuerpo celeste hace 300 millones de años.

Las *Pléyades*. Es un cúmulo de estrellas también denominado Las Siete Hermanas. Son fáciles de reconocer a simple vista en el cielo invernal en la constelación de Tauro; comprende numerosas estrellas en una región que se encuentra a unos 440 años luz en la Vía Láctea.

La estrella *Proxima Centauri* (asociada a la estrella Alfa del Centauro) es una enana roja que está a una distancia de 4,3 años luz. Es la estrella más cercana al sistema solar.

Sirio es la estrella más brillante en el cielo terrestre. Se encuentra a 8,6 años luz.

La *Luna* se encuentra a alrededor de 384 400 km (283,855 mi) de la Tierra. Su luz tarda 1,3 segundos en llegar a la Tierra.

Años luz: desde la Tierra vemos el pasado de una estrella
El año luz es la distancia que recorre la luz durante un año (terrestre) en el vacío. Si la velocidad de la luz en el vacío es de casi unos 300 000 km/s (186,000 mi/s), un año luz equivale a 9 500 000 000 000 de kilómetros (5,903,026,326 mi). Si una estrella está a diez años luz, la vemos tal como era hace diez años.

El *Sol* está a una distancia media de 149 600 000 km (92,960,000 mi): su luz tarda unos 8,3 minutos en llegar a la Tierra.

Los *quásares*. Un quásar es una galaxia tan luminosa que un telescopio logra captarla aunque se encuentre muy lejos. Por ejemplo, a 13 000 millones de años luz de distancia, donde están los confines del Universo conocido.

Otras *galaxias y supercúmulos de galaxias* están a más de 100 millones de años luz. En 1995 el telescopio espacial Hubble pudo fotografiar galaxias y cúmulos de galaxias a 5000 y 10 000 millones de años luz.

La *galaxia Andrómeda*. Es la más próxima a la Tierra, su luz tarda en llegar unos 2 millones de años.

La *Vía Láctea*. El diámetro de la galaxia es de 100 000 años luz. Muchas estrellas que se ven a simple vista están a menos de 250 años luz de la Tierra y otras que vemos con telescopios se encuentran a más de 50 000 años luz.

La *estrella Gliese*. Es una estrella roja que está a 20 años luz. Se hizo famosa porque la orbita un planeta que supuestamente puede ser habitable como la Tierra.

Un exoplaneta es un planeta hallado fuera de nuestro sistema solar. El exoplaneta descubierto alrededor de la estrella Gliese está 14 veces más cerca de esa estrella que la Tierra del Sol y completa una órbita cada 13 días. ¿Es habitable un exoplaneta aun a esa distancia? Los astrónomos consideran que sí porque su estrella es más pequeña, fría y menos luminosa que el Sol.

Los astrónomos han descubierto que en algunos sistemas solares binarios formados por dos estrellas, estas se encuentran muy separadas entre sí. Por ejemplo, pueden estar a distancias 1000 veces mayores que la que separa la Tierra del Sol.

Posición aparente, posición real

Desde la Tierra vemos los astros en el mismo plano: es una posición aparente. La posición real es muy diferente, ya que ellos se encuentran muy alejados entre sí.

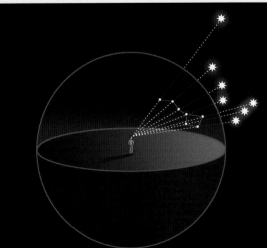

El *cinturón de Kuiper*, muy cercano al planetoide Plutón, se encuentra en los confines del sistema solar. La distancia aproximada desde el Sol es de unos 6000 millones de kilómetros (3,728 mill. mi). La luz del Sol tarda en llegar hasta Plutón unas seis horas.

¿**Qué** son las constelaciones?

En el transcurso de la historia, la humanidad organizó la bóveda celeste agrupando estrellas. A esos conjuntos de estrellas se les da el nombre de *constelaciones* y se los suele asociar con dibujos de animales o figuras mitológicas.

La estrella Polar o Polaris. Pertenece a la constelación de la Osa Menor (*Ursa Minor* en latín). La estrella Polar no se mueve como las demás estrellas en la bóveda celeste. Se la puede observar desde la Tierra siempre situada sobre el Polo Norte, en el vértice del eje de rotación de la Tierra. Por eso es una estrella muy importante para ubicar el Polo Norte y los puntos cardinales.

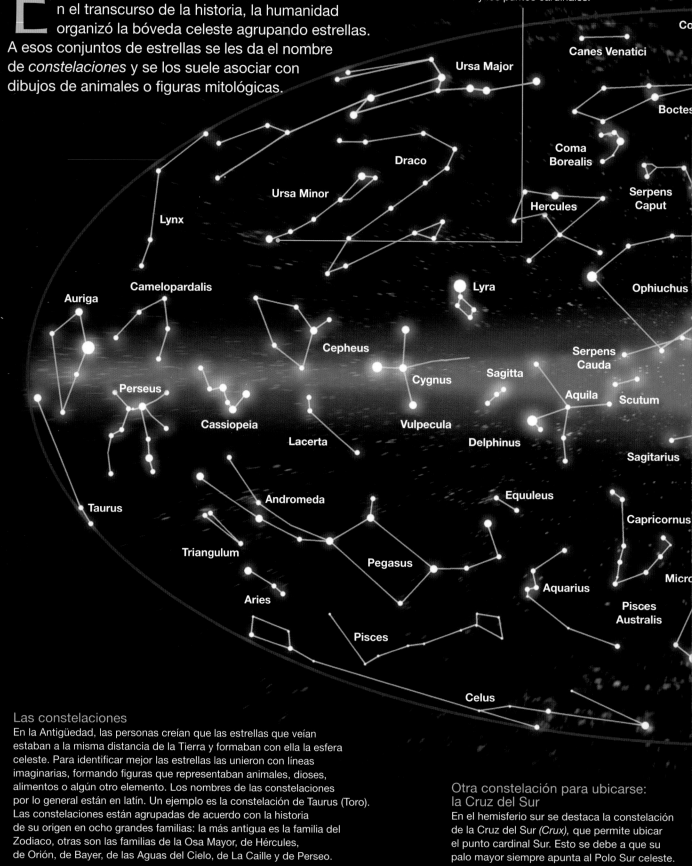

Ursa Major
Canes Venatici
Co
Boctes
Coma Borealis
Draco
Serpens Caput
Ursa Minor
Hercules
Lynx
Lyra
Ophiuchus
Cameleopardalis
Auriga
Cepheus
Serpens Cauda
Sagitta
Perseus
Cygnus
Aquila
Scutum
Cassiopeia
Vulpecula
Lacerta
Delphinus
Sagitarius
Andromeda
Equuleus
Taurus
Capricornus
Triangulum
Pegasus
Micro
Aries
Aquarius
Pisces Australis
Pisces
Celus

Las constelaciones

En la Antigüedad, las personas creían que las estrellas que veían estaban a la misma distancia de la Tierra y formaban con ella la esfera celeste. Para identificar mejor las estrellas las unieron con líneas imaginarias, formando figuras que representaban animales, dioses, alimentos o algún otro elemento. Los nombres de las constelaciones por lo general están en latín. Un ejemplo es la constelación de Taurus (Toro). Las constelaciones están agrupadas de acuerdo con la historia de su origen en ocho grandes familias: la más antigua es la familia del Zodiaco, otras son las familias de la Osa Mayor, de Hércules, de Orión, de Bayer, de las Aguas del Cielo, de La Caille y de Perseo.

Otra constelación para ubicarse: la Cruz del Sur

En el hemisferio sur se destaca la constelación de la Cruz del Sur *(Crux),* que permite ubicar el punto cardinal Sur. Esto se debe a que su palo mayor siempre apunta al Polo Sur celeste.

Cambio de aspecto

Las estrellas se mueven tan lentamente que no es posible ver el cambio de posición en el transcurso de la vida humana, pero sí a lo largo de los siglos. Por eso, las constelaciones que vemos hoy son distintas a las que vieron civilizaciones antiguas y a las que verán las generaciones futuras.

Estrellas de la Vía Láctea

En la actualidad se sabe que, con algunas excepciones, las estrellas de una constelación no están conectadas en forma física ni se encuentran a distancias cercanas entre sí. La mayoría de las 2500 estrellas visibles a simple vista desde la Tierra, en una noche despejada, pertenecen a la Vía Láctea. Son estrellas de distintos tamaños, brillo y color que se hallan a diferentes distancias de la Tierra.

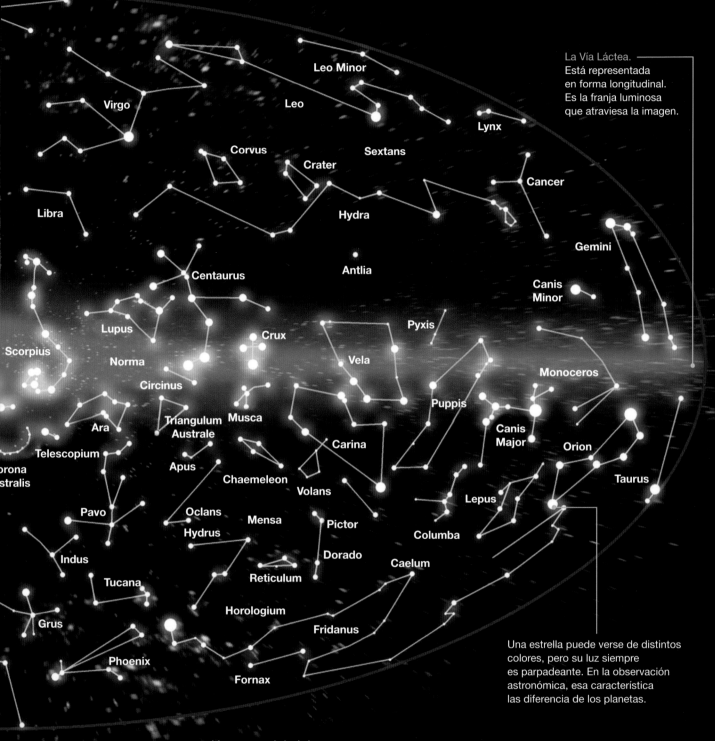

La Vía Láctea.
Está representada en forma longitudinal. Es la franja luminosa que atraviesa la imagen.

Una estrella puede verse de distintos colores, pero su luz siempre es parpadeante. En la observación astronómica, esa característica las diferencia de los planetas.

Un mapa del cielo

Los astrónomos aprovechan la posición aparente de las estrellas para hacer con las constelaciones un mapa del cielo nocturno. En 1928 la Unión Astronómica Internacional dividió el cielo en 88 sectores o regiones. A cada uno le corresponde una constelación. La imagen de esta lámina muestra esas 88 constelaciones; algunas se observan tanto desde el hemisferio norte como del sur, y otras son observables solo desde uno de ellos. Puede ocurrir que al buscar una constelación en el cielo, esta no se encuentre visible por encima del horizonte. Esto sucede porque, debido al movimiento de rotación de la Tierra, el cielo que vemos cambia continuamente.

¿**Por qué** los planetas tienen diferentes colores?

En el sistema solar hay planetas que tienen tonos verdes y azulados, o amarillos y anaranjados, e incluso hay multicolores. Esta variación se debe en gran medida al tipo de materiales con que están hechos los planetas: los minerales que predominan en su superficie o los gases de su atmósfera. En la conformación de los colores también interviene la manera en que esos materiales absorben o reflejan la radiación solar.

¿Hay vida en los planetas?

Hasta el momento, no hay evidencia de que exista vida en otro planeta, más allá de la Tierra. Los científicos trabajan sobre varias hipótesis acerca de que haya existido vida en algún otro planeta en el pasado. Uno de los elementos fundamentales para que la vida sea posible es el agua; por eso, las investigaciones se centran, en general, en la búsqueda y confirmación de la existencia de agua en algún planeta.

La Tierra. Los tonos verde y marrón representan a los continentes, y el azul, a los océanos y mares. La atmósfera terrestre está compuesta principalmente por un 77% de nitrógeno y un 21% de oxígeno.

Mercurio. Se cree que en su superficie, que se ve gris oscura, abundan los silicatos. Tiene una atmósfera muy tenue de hidrógeno y helio.

Venus. Está rodeado por una atmósfera espesa de dióxido de carbono y nubes de ácido sulfúrico que le dan su aspecto amarillento.

Marte. El polvo fino en su superficie, que contiene óxido de hierro, le da su color anaranjado o rosado característico; la atmósfera se compone en un 95% de dióxido de carbono y es más tenue que la de la Tierra.

Júpiter. Su atmósfera tiene hidrógeno, helio, pequeñas cantidades de hielo y otros elementos que le dan al planeta tonalidades blancas, anaranjadas, marrones y rojas.

Planetas rocosos

Mercurio, Venus, la Tierra y Marte son los planetas más pequeños y cercanos al Sol. Están formados por material rocoso y pueden presentar fenómenos geológicos similares a los que se producen en la Tierra, como la tectónica de placas, el vulcanismo y la formación de cráteres por impacto de meteoros. Los tamaños y la composición química de estos planetas son similares, pero las atmósferas son muy distintas.

Planetas gaseosos

Júpiter, Saturno, Urano y Neptuno son los planetas más grandes y alejados del Sol. Están formados por gases en sus capas externas.

Mercurio   Venus   Tierra   Marte   Júpiter

Saturno   Urano   Neptuno

Neptuno. Este planeta también tiene en su atmósfera algo de gas metano, así como hidrógeno y helio. Por eso presenta tonos de azul.

Saturno. La atmósfera de este gigante gaseoso tiene un poco de amoniaco, fosfinas, vapor de agua e hidrocarburos. Estos elementos le dan a Saturno un color marrón amarillento.

Urano. El color azul verdoso del planeta se debe principalmente a la presencia en su atmósfera de gas metano mezclado con hidrógeno y helio.

¿Cuántas lunas
hay en el sistema solar?

L a mayoría de los planetas de nuestro sistema solar tiene
lunas (es decir, satélites naturales). No se conocen lunas
en Mercurio y Venus, pero las de los seis planetas restantes
suman más de 160, y se cree que puede haber más. Algunos
planetas enanos o asteroides también tienen satélites naturales.

Tierra. Tiene un satélite
natural. Los romanos lo
llamaban *lunae*. De allí
proviene su nombre: Luna.

¿Hay vida en los satélites naturales?
Desde que se descubrió hielo en los satélites
naturales Europa, Ganímedes y Titán se especula
que en ellos puede haber una fuente de oxígeno,
y, por tanto, de vida.

Las lunas vistas desde la Tierra
Con excepción de nuestra Luna, los satélites
planetarios no son visibles a simple vista. Solo
las cuatro lunas mayores de Júpiter se pueden
observar a través de prismáticos o con un pequeño
telescopio. Los restantes satélites se detectan
únicamente con instrumentos más potentes.

Las lunas de Galileo Galilei
Los principales satélites de Júpiter –Ío, Ganímedes,
Europa y Calisto– fueron descubiertos por Galileo
Galilei el 7 de enero de 1610. El hallazgo de estos
satélites dio un fuerte impulso a la teoría copernicana
o sistema heliocéntrico (el Sol como centro
del Universo). Con esta teoría era mucho más fácil
explicar la existencia de los satélites naturales
de Júpiter que con la hasta entonces más aceptada
teoría geocéntrica (la Tierra como centro del Universo).

Júpiter. A su alrededor orbitan
unos 63 satélites naturales.
Algunos tienen gran tamaño.

Urano. Tiene 27 satélites
naturales. Muchos de ellos
son lunas heladas sin atmósfera.

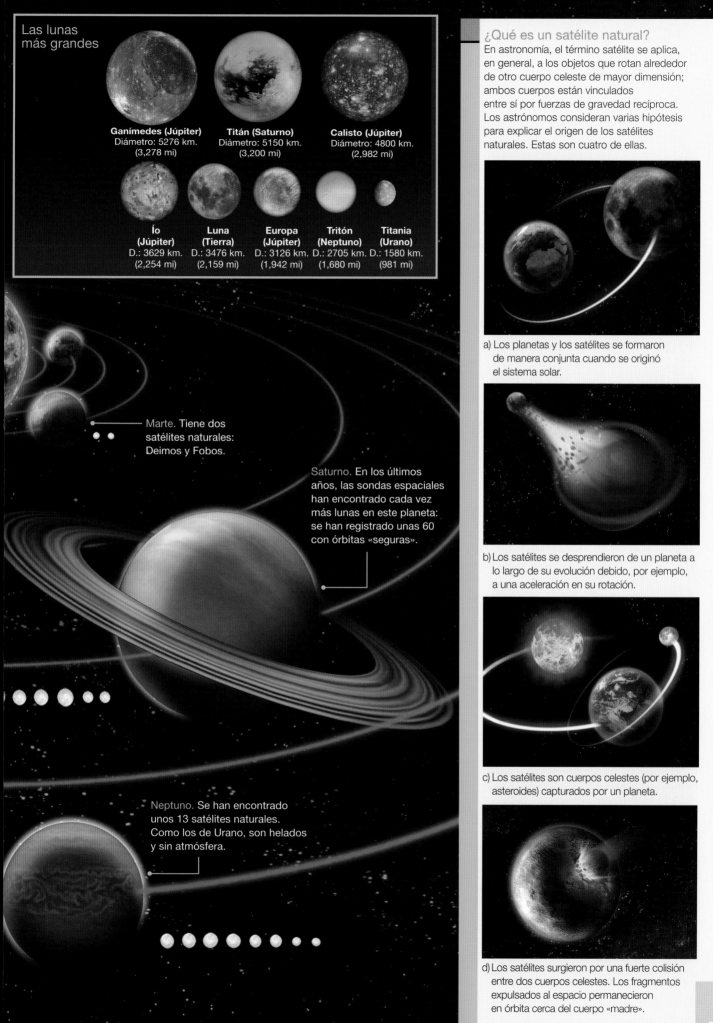

Las lunas más grandes

Ganímedes (Júpiter)
Diámetro: 5276 km.
(3,278 mi)

Titán (Saturno)
Diámetro: 5150 km.
(3,200 mi)

Calisto (Júpiter)
Diámetro: 4800 km.
(2,982 mi)

Ío (Júpiter)
D.: 3629 km.
(2,254 mi)

Luna (Tierra)
D.: 3476 km.
(2,159 mi)

Europa (Júpiter)
D.: 3126 km.
(1,942 mi)

Tritón (Neptuno)
D.: 2705 km.
(1,680 mi)

Titania (Urano)
D.: 1580 km.
(981 mi)

Marte. Tiene dos satélites naturales: Deimos y Fobos.

Saturno. En los últimos años, las sondas espaciales han encontrado cada vez más lunas en este planeta: se han registrado unas 60 con órbitas «seguras».

Neptuno. Se han encontrado unos 13 satélites naturales. Como los de Urano, son helados y sin atmósfera.

¿Qué es un satélite natural?

En astronomía, el término satélite se aplica, en general, a los objetos que rotan alrededor de otro cuerpo celeste de mayor dimensión; ambos cuerpos están vinculados entre sí por fuerzas de gravedad recíproca. Los astrónomos consideran varias hipótesis para explicar el origen de los satélites naturales. Estas son cuatro de ellas.

a) Los planetas y los satélites se formaron de manera conjunta cuando se originó el sistema solar.

b) Los satélites se desprendieron de un planeta a lo largo de su evolución debido, por ejemplo, a una aceleración en su rotación.

c) Los satélites son cuerpos celestes (por ejemplo, asteroides) capturados por un planeta.

d) Los satélites surgieron por una fuerte colisión entre dos cuerpos celestes. Los fragmentos expulsados al espacio permanecieron en órbita cerca del cuerpo «madre».

¿**Cómo** es el Sol por dentro y por fuera?

E l Sol, como otras estrellas, es una masa gaseosa en cuyo núcleo el hidrógeno se funde para formar helio. La fusión nuclear libera enormes cantidades de energía, que transcurrido un tiempo llega hasta la superficie de la estrella y de allí se propaga al sistema solar.

Zona convectiva
En ella, las columnas de material caliente ascienden hasta la superficie, se enfrían y vuelven a descender.

Componentes del Sol

Elemento químico	Símbolo	%
Hidrógeno	H	92,1
Helio	He	7,8
Oxígeno	O	0,061
Carbono	C	0,03
Nitrógeno	N	0,0084
Neón	Ne	0,0076
Hierro	Fe	0,0037
Silicio	Si	0,0031
Magnesio	Mg	0,0024
Azufre	S	0,0015
Otros		0,0015

El núcleo (15 millones de °C [27 mill. °F]) es la zona interior de mayor temperatura donde se produce la fusión nuclear y la generación de la energía del Sol. Esa energía generada tarda un millón de años en alcanzar la superficie solar. El Sol produce principalmente radiación de rayos gamma. Estos pierden energía en su viaje desde el interior hacia la capa exterior del Sol, convirtiéndose en rayos X y luz visible.

Manchas solares

Las manchas solares son regiones de menor temperatura –y por eso más oscuras– que aparecen de vez en cuando en la superficie del Sol debido a variaciones en la actividad magnética. Crecen y duran varios días e incluso varios meses. Tienen una parte central llamada *umbra,* rodeada de otra más clara llamada *penumbra.*

Partículas energéticas, radiaciones X y gamma

Flujo magnético
En el Sol se forma un campo magnético extenso y complejo. Hay zonas activas donde el campo magnético solar es muy intenso y se forman manchas solares.

Fotosfera (6000 °C [10,832 °F])
Es la parte del Sol que vemos desde la Tierra, tiene unos 300 km de espesor. Desde allí el Sol irradia luz y calor al espacio.

El viento solar

El Sol emite luz, calor y tiene un campo magnético que el viento solar expande hacia los planetas. Este último es un chorro de partículas (principalmente electrones y protones) que a una velocidad de entre 400 a 800 km/s (248 a 497 mi/s) se expande hasta los confines del sistema solar. En la Tierra existe un campo magnético –la magnetosfera– que desvía los iones del viento solar antes de que penetren en la atmósfera. De esta manera nuestro planeta queda protegido. No obstante, pueden producirse efectos debido al viento solar, como sobrecargas en las redes eléctricas o auroras boreales.

Tierra

Zona radiativa
Es la que rodea al núcleo y comprende el 70% del resto de la masa solar, aproximadamente. Está compuesta de plasma (hidrógeno y helio ionizado).

Neutrinos
Son partículas muy ligeras, sin carga eléctrica y producidas en el interior del Sol. Los científicos las estudian porque son muy numerosas y tienen características especiales que dan indicios de la formación del Sol y el Universo.

El Sol, una estrella de tamaño medio

El Sol se originó hace unos 4600 millones de años y tiene combustible para permanecer activo por otros 5000 millones de años más. Su masa es aproximadamente 300 000 veces superior a la de la Tierra. Al fin de su vida, el Sol crecerá absorbiendo a los planetas más cercanos, incluida la Tierra, y se convertirá en una estrella gigante roja. Después, se transformará en una enana blanca y finalmente se irá enfriando.

Manchas solares

Protuberancias o llamaradas
Son grandes chorros de gas caliente expulsados desde la superficie del Sol hacia el espacio, a muchos miles de kilómetros de distancia. Algunas protuberancias de grandes dimensiones pueden durar varios meses.

Manchas oscuras en el Sol

En esta imagen se ven protuberancias y zonas oscuras correspondientes a manchas solares en la superficie del Sol.
Se ha observado que el número de manchas solares suele cambiar cada 11 años. También se cree que la aparición, o no, de manchas solares puede estar asociada con fenómenos climáticos en la Tierra. Por ejemplo: el período de muy baja aparición de manchas durante la segunda mitad del siglo xvii podría estar vinculado con una época inusualmente fría en el norte de Europa que suele denominarse *pequeña edad del hielo*.

Radiaciones
El Sol emite energía al espacio en forma de ondas electromagnéticas como cualquier otra estrella (ondas de radio, microondas, radiación infrarroja, luz visible, radiación ultravioleta, rayos X, rayos gamma).

¿**Qué** son los anillos de Saturno?

Más allá del cinturón de asteroides están los planetas más grandes del sistema solar. Son los planetas gaseosos, formados por hidrógeno (en más de un 80%) y helio; no tienen superficie sólida y giran muy rápido sobre sí mismos. También tienen muchos satélites naturales y están rodeados por anillos.

Júpiter

Júpiter también tiene anillos como los de Saturno, pero mucho más tenues, oscuros y pequeños. Fueron descubiertos por la nave *Voyager 1* en 1979; esto produjo gran sorpresa entre los astrónomos.

La mancha de Júpiter

Más que por sus anillos, Júpiter se destaca por ser el planeta más grande, por sus bandas de colores y por la Gran Mancha Roja, una zona de fuertes tormentas que tiene un tamaño mucho mayor al de la Tierra.

Lunas pastoras

Los astrónomos creen que dentro de los anillos o cerca de ellos hay pequeños satélites naturales que colaboran en su estabilidad. ¿Qué hacen los satélites? Su fuerza gravitatoria atrae rocas y polvo, material que queda confinado en los anillos del planeta. A estos satélites naturales con funciones especiales se los llama lunas «pastoras».

Saturno

Es el planeta visible a simple vista más lejano, y sus anillos son los únicos que pueden verse con telescopios comunes. Según los registros históricos, el primero en ver los anillos de Saturno fue Galileo en 1610, pero no supo entonces de qué se trataba y pensó que eran lunas. Hasta ahora se han identificado algunos anillos, pero se cree que en realidad se trata de un sistema compuesto por miles de ellos. Los anillos interiores están formados por partículas de mayor tamaño, y los exteriores, principalmente por polvo. Los anillos de Saturno son los más espectaculares, en gran medida por su tamaño y la cantidad de fragmentos que reflejan la luz solar.

Los anillos

Los cuatro gigantes gaseosos tienen anillos. Los de Saturno están formados en parte por cuerpos de hielo y roca de diferentes tamaños, desde partículas minúsculas hasta trozos grandes como una casa. Los anillos de los otros planetas gaseosos son de polvo fino y oscuro. Aún no se conoce muy bien cuál es el origen de los anillos. Una hipótesis es que los satélites naturales de los planetas gaseosos han recibido el impacto de asteroides y cometas, y los fragmentos desprendidos por las colisiones quedaron atrapados en el campo gravitacional de los planetas.

Neptuno

Desde que en 2006 Plutón dejó de ser considerado planeta, Neptuno se convirtió en el más exterior de los planetas del sistema solar. Fue observado por primera vez en 1846. Sus anillos son estrechos y muy tenues, compuestos por partículas de polvo.

Las manchas de Neptuno
Este planeta tiene manchas como Júpiter. La más notable es la Gran Mancha Oscura.

Los anillos de Saturno

Hasta 1975 se consideraba que Saturno tenía cuatro anillos que fueron identificados, desde el más externo hasta el más cercano al planeta, con las letras A, B, C y D. Las dos bandas más brillantes eran las externas A y B, separadas por una zona más oscura llamada División de Cassini, descubierta en 1675 por Jean-Dominique Cassini (1625-1712). A partir del viaje de exploración de la nave *Voyager 1* se descubrieron nuevos anillos más externos al llamado A, que se denominaron E, F, G. También se identificaron nuevas franjas separadoras (como la de Cassini) llamadas Hencke, Maxwell y Keeler. Los anillos de Saturno son muy delgados, tienen un espesor de algo más de 1 km (0.6 mi). Teniendo en cuenta las dimensiones del planeta, se podría decir que los anillos serían 5000 veces más finos que una página de papel.

Urano

Los anillos de Urano fueron descubiertos por casualidad, y su existencia fue confirmada por la sonda *Voyager 2*, que sobrevoló Urano el 24 de enero de 1986. Casi toda la información fidedigna sobre este planeta se debe a esta sonda espacial. Las partículas de polvo que forman los anillos miden unos pocos centímetros y tienen una superficie irregular.

¿**Por qué** cambia la forma de la Luna?

A lo largo de casi un mes vemos que la Luna cambia de aspecto. Esto se debe a que es iluminada de manera diferente por el Sol, según la posición que este, la Tierra y la Luna tengan en el espacio. A este fenómeno, visto desde la Tierra, se lo conoce como fases de la Luna.

Reflejo de la Luna

La Luna es un cuerpo opaco, no tiene luz propia y refleja la que recibe del Sol. Por lo tanto, solo podemos ver desde la Tierra las zonas lunares que ilumina el Sol. La Luna tarda aproximadamente el mismo tiempo en girar sobre sí misma que en dar una vuelta alrededor de la Tierra, es decir que sus períodos de rotación y traslación son iguales y tienen una duración aproximada de 27,3 días. Una consecuencia de la similitud de los períodos de los dos movimientos y de su misma dirección es que, desde la Tierra, vemos siempre la misma mitad de la Luna. La otra parte de ella siempre está oculta para nosotros.

La Luna y el Sol se encuentran en ángulo recto. La Luna tiene aspecto de semicírculo luminoso. Es la fase de *cuarto creciente* en el hemisferio sur. Esta forma de la Luna, sin embargo, en el hemisferio norte corresponde a la fase de *cuarto menguante.*

Aumenta la parte iluminada con forma de arco delgado. En el hemisferio sur es la *Luna creciente,* mientras que en el hemisferio norte esta es la forma de la *Luna decreciente.*

Se ven tres cuartas partes de la Luna iluminadas. Esta fase se conoce con el nombre de *Luna gibosa.*

Movimientos de la Luna

El eje de rotación de la Luna es aproximadamente paralelo al de la Tierra. Ambos cuerpos giran en el mismo sentido. Además, el sentido de traslación de la Luna alrededor de la Tierra es el mismo que el de la Tierra alrededor del Sol. El Sol siempre ilumina la mitad de la Luna que está frente a él. Es decir, que la Luna tiene un día y una noche, como la Tierra.

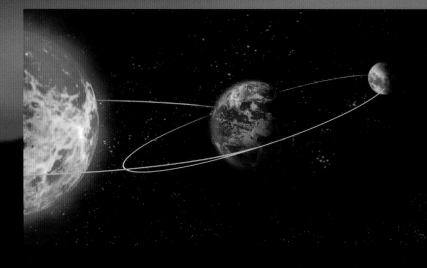

En el *novilunio* la Luna está entre la Tierra y el Sol. Su cara iluminada no se ve desde la Tierra: es *Luna nueva.*

Cómo se ven las fases de la Luna desde cada hemisferio terrestre

La posición del observador terrestre determina cómo se ven las fases de la Luna. Algunas fases varían según el hemisferio en que se observe la Luna.

Luna nueva
Igual en ambos hemisferios.

Luna creciente
Hemisferio norte. Parece una D.

Luna llena
Igual en ambos hemisferios.

Luna decreciente
Hemisferio norte. Parece una C.

Luna decreciente
Hemisferio sur. Parece una D.

Luna creciente
Hemisferio sur. Parece una C.

Comienza a disminuir la zona iluminada de la Luna. Es la fase de *Luna gibosa*.

Sigue disminuyendo la parte iluminada de la Luna. Se ve con forma de arco delgado. En el hemisferio sur es la *Luna decreciente*, mientras que en el hemisferio norte corresponde a la fase de *Luna creciente.*

En el *plenilunio* la Luna se encuentra en oposición con el Sol, y la Tierra se interpone entre ambos. Recibe los rayos del Sol en su cara visible y se ve completa. Es la fase conocida como *Luna llena*.

La Luna y la Tierra se encuentran nuevamente en ángulo recto. La Luna tiene aspecto de semicírculo luminoso. Es la fase de *cuarto menguante* en el hemisferio sur, pero este aspecto de la Luna en el hemisferio norte corresponde a la fase de *cuarto creciente.*

Posiciones del Sol, la Tierra y la Luna: fases lunares

La Luna recorre una órbita elíptica, y su distancia media a la Tierra es de unos 385 000 km (239,227 mi). Se llama *perigeo* a la distancia más próxima a la Tierra (356 000 km [221,208 mi]) y *apogeo* a la más alejada (407 000 km [252,898 mi]).

Novilunio

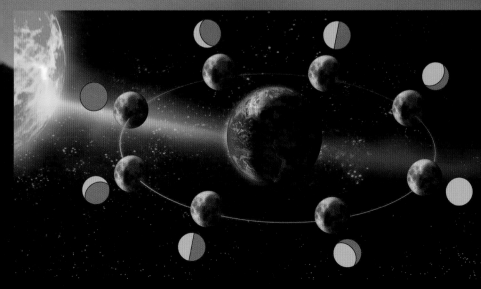

¿De **dónde** vienen los cometas?

Los cometas son cuerpos celestes bastante más pequeños que los planetas, pero que adquieren un brillo intenso al acercarse al Sol. Existe consenso en considerar que provienen de sectores del espacio donde se conservan partículas del material que dio origen al sistema solar, hace unos 4500 millones de años. Esos sectores son posiblemente el anillo de Kuiper o la nube de Oort.

Trayectoria de un cometa

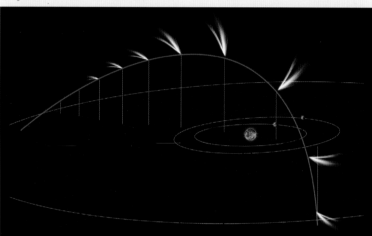

La órbita de los cometas es elíptica y los períodos (el tiempo que tardan en dar la vuelta al Sol) varían según el cometa; algunos tienen períodos largos (por ejemplo, 2000 años), y otros, más cortos (menos de tres años). Hay cometas que son periódicos: se conoce su trayectoria y se puede predecir con bastante precisión cuándo volverán a ser vistos desde la Tierra. Pero también hay muchos otros cuya aparición en el cielo es difícil de predecir.

Los nombres de los cometas

Los cometas, en general, llevan el nombre de la persona o las personas que los descubrieron. Una excepción es el cometa Halley, que lleva el nombre del científico Edmund Halley. Si bien él no lo descubrió, fue reconocido por sus aportes al conocimiento de las órbitas de estos cuerpos celestes; por ejemplo, demostró que ese cometa es periódico (se puede ver cada 76 años).

La nube de Oort

En 1950 el astrónomo holandés Jan Oort propuso que los cometas provienen de una amplia nube externa que rodea al sistema solar. Actualmente la hipótesis más aceptada es que esta nube está formada por cuerpos celestes que en la etapa de formación del sistema solar no llegaron a agregarse, es decir, que no lograron unirse a otros para formar planetas.

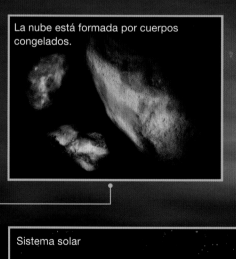

La nube está formada por cuerpos congelados.

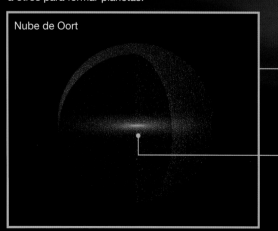

Nube de Oort

Sistema solar

Las partes de un cometa

Las principales partes de un cometa son el *núcleo* o *cabeza* y las *colas,* que adquieren distintos colores. Su estudio permite avanzar no solo en el conocimiento de los cometas sino también en el origen del sistema solar. Esto se debe a que cada vez hay más acuerdo en afirmar que los componentes de los cometas formaban parte del disco protoplanetario que se formó alrededor del Sol y del cual se originaron los planetas. Algunas partículas de ese disco, dispuestas a mayor distancia del Sol, se transformaron en bolas de polvo y hielo, convirtiéndose en cometas.

Cuando se observa desde la Tierra a un cometa que se acerca al Sol, se distinguen en él varias partes, como las que se muestran en la imagen. Al alejarse del Sol, el cometa se enfría, los gases se congelan y las colas desaparecen. Muchos científicos creen que algunos asteroides son núcleos de cometas extinguidos.

Por efecto de la radiación solar, alrededor del núcleo se forma una zona brillante de gases y polvo denominada *coma* o *cabellera.* Puede ser tan grande como Júpiter.

El viento solar sopla sobre la coma alargándola y dando forma a varias colas: una es de polvo (amarilla), otra está formada por gases (azul); también se genera una envoltura de hidrógeno (que no es visible desde la Tierra).

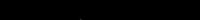

El núcleo es muy pequeño y sólido, formado por roca y hielo (gases congelados).

Cronología del cometa Halley

Es posiblemente el cometa más famoso. Se observó por primera vez en el año 239 a. C. Hay testimonios de su paso en el año 837 y en el año 1066. Tuvo repercusión en 1456, tres años después de la toma de Constantinopla por los turcos. En 1531 y en 1607 también fue observado. En 1705 el astrónomo Edmund Halley notó que los cometas de 1531, 1607 y 1682 tenían la misma órbita y que su aparición se producía cada 75 y 76 años respectivamente. Como sospechó que se trataba del mismo cometa predijo que volvería a aparecer en 1758. El cometa apareció en 1759 pero Halley no lo supo porque había fallecido en 1742. En 1910 volvió a aparecer tal como lo había supuesto Halley. Su última aparición fue en 1986, pero no pasó cerca de la Tierra. La próxima será en 2061.

Cada año, con telescopios se observan entre 12 y 24 cometas que pasan cerca del Sol, pero solo ocasionalmente pueden ser observados a simple vista.

La misión *Stardust*

En 1999 se lanzó al espacio la sonda *Stardust* de la NASA con el principal objetivo de obtener información del cometa *Wild 2.* En 2004 la sonda obtuvo fotografías del núcleo cometario y en 2006 llegaron a la Tierra muestras del cometa obtenidas por la sonda. Para muchos científicos estas muestras han permitido corroborar muchas de las ideas que se sostienen en los últimos años acerca de la composición de los cometas y su origen.

¿**Cómo** se conoce el Universo con una nave espacial?

E l envío de naves al espacio ha sido fundamental para el conocimiento del Universo. Comenzó a finales de la década de 1950 cuando la ex Unión Soviética y Estados Unidos lanzaron los primeros cohetes fuera de la atmósfera. Desde entonces se han enviado numerosas naves al espacio. En la actualidad, varios países se han sumado al desarrollo de las actividades espaciales.

En 1961 se inicia el envío de naves con astronautas. Primero orbitó la *Vostok 1* tripulada por Yuri Gagarin (Unión Soviética). Luego fue enviada la nave tripulada *Mercury* de Estados Unidos. En 1963, a bordo de la *Vostok 6* (Unión Soviética), Valentina Terechkova se convirtió en la primera mujer astronauta.

En 1958 el *Explorer I* fue el primer satélite enviado por Estados Unidos.

En 1957 la Unión Soviética logra enviar el *Sputnik I*, el primer satélite artificial que orbitó la Tierra.

Hasta la década de 1980 las naves espaciales eran enviadas por cohetes formados por varias partes que se iban desprendiendo. El último módulo era el que se mantenía en el espacio por un tiempo determinado.

Numerosas naves fueron enviadas a la Luna.
En 1959 el *Luna 3* (Unión Soviética) fotografió
la cara oculta de la Luna. En 1969 la nave
Apolo XI (Estados Unidos) llevó los primeros
astronautas que anduvieron sobre la superficie lunar.

Numerosas sondas se han lanzado al espacio
para investigar el Sol y los demás componentes
del sistema solar. Son naves espaciales no tripuladas
provistas de instrumentos científicos. Algunas tienen
un vehículo o robot de aterrizaje que se envía a la
superficie del astro que se investiga; esto ha ocurrido,
por ejemplo, en la Luna, Venus, Júpiter y Marte.

En 1981 Estados Unidos envía el primer
transbordador espacial, un tipo de nave
que, a diferencia de los cohetes,
es reutilizable porque después de orbitar la Tierra
regresa intacto y aterriza en el planeta. Tiene
varios usos: pone en órbita satélites y sondas
o transporta laboratorios, tripulación y partes
para ensamblar una estación espacial.

Las estaciones espaciales son naves que orbitan
la Tierra. En ellas se realiza una mayor variedad
de actividades y tienen una tripulación
que se renueva periódicamente. Se han
destacado las construidas por los soviéticos.
En la actualidad se construye la Estación Espacial
Internacional, en la que participan varias naciones.

Se han enviado numerosos satélites al espacio que
tienen diferentes usos. Algunos tienen como objetivo
estudiar la Tierra o enviar datos hacia su superficie.
Por ejemplo, los de comunicaciones, meteorológicos
o de posicionamiento. Otros satélites son telescopios
para indagar en el espacio exterior, como es el caso
del *Hubble,* puesto en órbita en 1990.

¿Por qué se busca agua en Marte?

E n las últimas tres décadas las sondas espaciales
permitieron obtener abundante información sobre
este planeta rocoso, frío y árido. Las observaciones
indican que hay sitios, como en los polos, donde puede
haber agua congelada. Algunos científicos especulan
con que exista más agua en el subsuelo.

El color blanco de los casquetes
polares se debe a la presencia
de dióxido de carbono congelado.

Satélites naturales

Marte tiene dos satélites naturales cuyos nombres,
Fobos y Deimos, fueron tomados de la mitología
griega. Son pequeños y tienen forma irregular.
Algunos astrónomos consideran que serían
asteroides capturados por Marte. Otra hipótesis
es que los satélites se habrían formado a partir
de un satélite natural original que se partió en dos.

El planeta rojo

Desde la Antigüedad se conoce a Marte como el
planeta rojo, porque se ve en el firmamento terrestre
como una estrella de color rojo anaranjado. En la
actualidad se sabe que esa coloración se debe al óxido
de hierro de las rocas que están en su superficie.

Fobos es el satélite natural de
mayor tamaño y más cercano.
Mide unos 27 km (16 mi) en
su eje mayor y orbita a unos
9300 km (5,778 mi) del planeta.

¿Es posible la vida en Marte?

Para muchos científicos es importante demostrar que la vida
no solo es posible en la Tierra, por eso se preocupan por
descubrir agua (que es fuente de vida) en otros planetas
o en satélites naturales. Se considera que lo más probable
es que el agua exista en forma de hielo por encima o por
debajo de la superficie marciana, o como cristales de hielo
en la atmósfera. Pero no solo la falta de agua restringe la vida en
Marte, también lo hace la ausencia de una atmósfera más densa
que proteja la superficie de la intensa radiación solar.

En los polos hay enormes
casquetes helados.

La superficie de Marte

En Marte hay valles, surcos y otros tipos de relieves que dan la idea de que en el pasado el planeta tenía otras condiciones climáticas. Tal vez había ríos y océanos. En la actualidad es frío y seco y recibe intensa radiación ultravioleta.

Presente y futuro en Marte

En Marte se desarrollan varios proyectos de exploración, tanto de Estados Unidos como de la Unión Europea y otros países. Los robots estadounidenses *Opportunity* y *Spirit*, que recorren la superficie marciana, y la nave europea *Mars Express* han aportado importante información sobre el planeta. En el futuro se espera llevar naves tripuladas a Marte. Esto será un verdadero desafío, ya que se necesitarán innovaciones tecnológicas que permitan a los humanos sobrevivir en la superficie de ese planeta.

Un planeta con agua líquida en el pasado

Según algunas investigaciones el planeta habría tenido en el pasado una atmósfera más gruesa y densa que la actual, lo que habría dado lugar a la presencia de agua líquida. Esto explicaría por qué las sondas *Mariner* y *Viking* fotografiaron lo que aparentemente serían lechos de ríos secos. Por otra parte, las informaciones enviadas por la sonda *Mars Express* han confirmado la existencia de hielo de agua, especialmente bajo el polo sur.

Deimos es el satélite natural más pequeño y más lejano ya que se encuentra a unos 23 400 km (14,540 mi) de Marte. Su eje mayor mide unos 16 km (9 mi).

Núcleo rocoso

Corteza

Manto de roca

El interior de Marte

De acuerdo con el conocimiento que se tiene del interior de Marte, este tendría capas como el planeta Tierra: una corteza estrecha exterior, un manto, que ocuparía la mayor parte del planeta y un núcleo, posiblemente formado por hierro.

Cráteres y volcanes

Los cráteres predominan en la mitad sur del planeta; en la mitad norte hay relieves y rocas formados por procesos volcánicos del pasado. En esta región se encuentran algunos de los volcanes más grandes del sistema solar, como el Olimpo, que se eleva por encima de los 25 km (15 mi) y tiene más de 600 km (372 mi) de diámetro en su base.

Volcán Olimpo

Cráteres

¿**Cuántas** horas dura un día en otros planetas?

La Tierra, como los demás planetas, gira sobre su eje imaginario. Debido a este movimiento de rotación el Sol ilumina una parte del planeta (el día), mientras otra permanece a oscuras (la noche). A la duración de una vuelta completa sobre el eje de rotación también se la llama día, y varía en los distintos planetas. Por ejemplo, mientras el día en la Tierra dura aproximadamente 24 horas, en Júpiter dura casi 10 horas.

¿Cuánto dura «un día» en el Sol?

El Sol realiza el movimiento de rotación sobre su eje en 26 días, 19 horas y 12 minutos terrestres. En el Sol no se produce «la noche» como en los planetas, sino que se completa un ciclo de rotación sobre su propio eje.

¿Cómo se conoce la duración del «día» en cada planeta?

A los científicos les resulta más fácil, hasta ahora, medir la rotación en los planetas rocosos (Mercurio, Venus, Tierra, Marte) que en los gaseosos (Júpiter, Saturno, Neptuno). En general, los datos sobre las rotaciones de los planetas (excluida la Tierra) son estimaciones que se corrigen a partir de información que envían las sondas espaciales.

¿En el espacio siempre es de noche?

Si en el Universo hay millones y millones de estrellas, ¿por qué el espacio no está iluminado? En el siglo XIX los científicos pensaron que era porque las nubes de polvo que se encuentran entre las estrellas absorbían mucha luz. En la actualidad tiene otra explicación: el cielo que vemos por la noche es oscuro porque el Universo se expande y la luz de las estrellas tarda mucho en llegar a otros cuerpos celestes. Es decir, la luz de las estrellas no alcanza para iluminar el inmenso espacio.

Movimiento de rotación de la Tierra

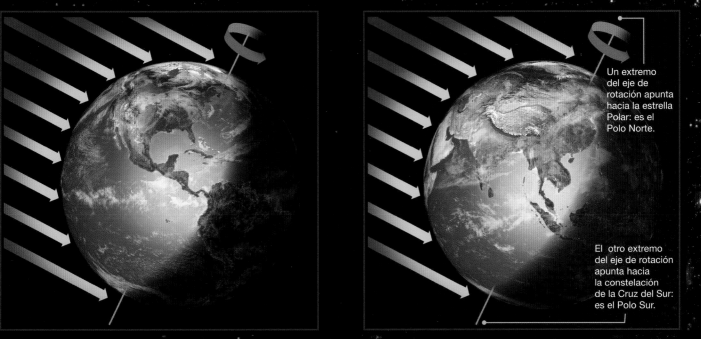

Un extremo del eje de rotación apunta hacia la estrella Polar: es el Polo Norte.

El otro extremo del eje de rotación apunta hacia la constelación de la Cruz del Sur: es el Polo Sur.

La Tierra gira sobre su eje a una velocidad de unos 1700 km/h (en el ecuador) y lo hace en 23 horas 56 minutos y 4 segundos (si la miramos desde el espacio estelar). Desde un punto dado de la Tierra, el Sol está en lo más alto cada 24 horas. Vista de frente, la Tierra rota de izquierda a derecha (de oeste a este). Debido al movimiento de rotación, los distintos continentes pasan del día a la noche y de la noche al día.

Tierra: día y noche según la estación

Cerca del ecuador el día y la noche siempre tienen la misma duración (aproximadamente 12 horas). Pero a medida que nos alejamos de esa zona, la duración del día y la noche varía según la estación del año. Esto es lo que ocurre en latitudes medias de los hemisferios norte y sur.

En el verano el día tiene mayor duración que la noche.

En primavera y otoño día y noche tienen aproximadamente la misma duración.

En el invierno la noche tiene mayor duración que el día.

Los días en los planetas

Todos los planetas tienen movimiento de rotación y una parte iluminada y otra en oscuridad. Pero el período de rotación varía en cada uno. En el cuadro se identifican esos períodos en días, horas y minutos terrestres. Como se puede ver, la rotación de Venus es muy lenta.

Mercurio	Venus	Tierra	Marte	Júpiter	Saturno	Urano	Neptuno
58,6 días	−243 días	23,56 horas	24,62 horas	9,84 horas	10,8 horas	17,9 horas	16,11 horas

¿**Cómo** es la superficie de la Luna?

La Luna es el satélite natural de nuestro planeta y ha sido estudiado desde la Antigüedad. En 1609 Galileo la observó con un telescopio. Es el cuerpo celeste más conocido más allá de la Tierra y, por ahora, el único visitado por los humanos. Los cráteres que cubren gran parte de su superficie son llamativos, pero también se destacan otras formas de relieve, algunas semejantes a las de la Tierra, como las cordilleras y llanuras.

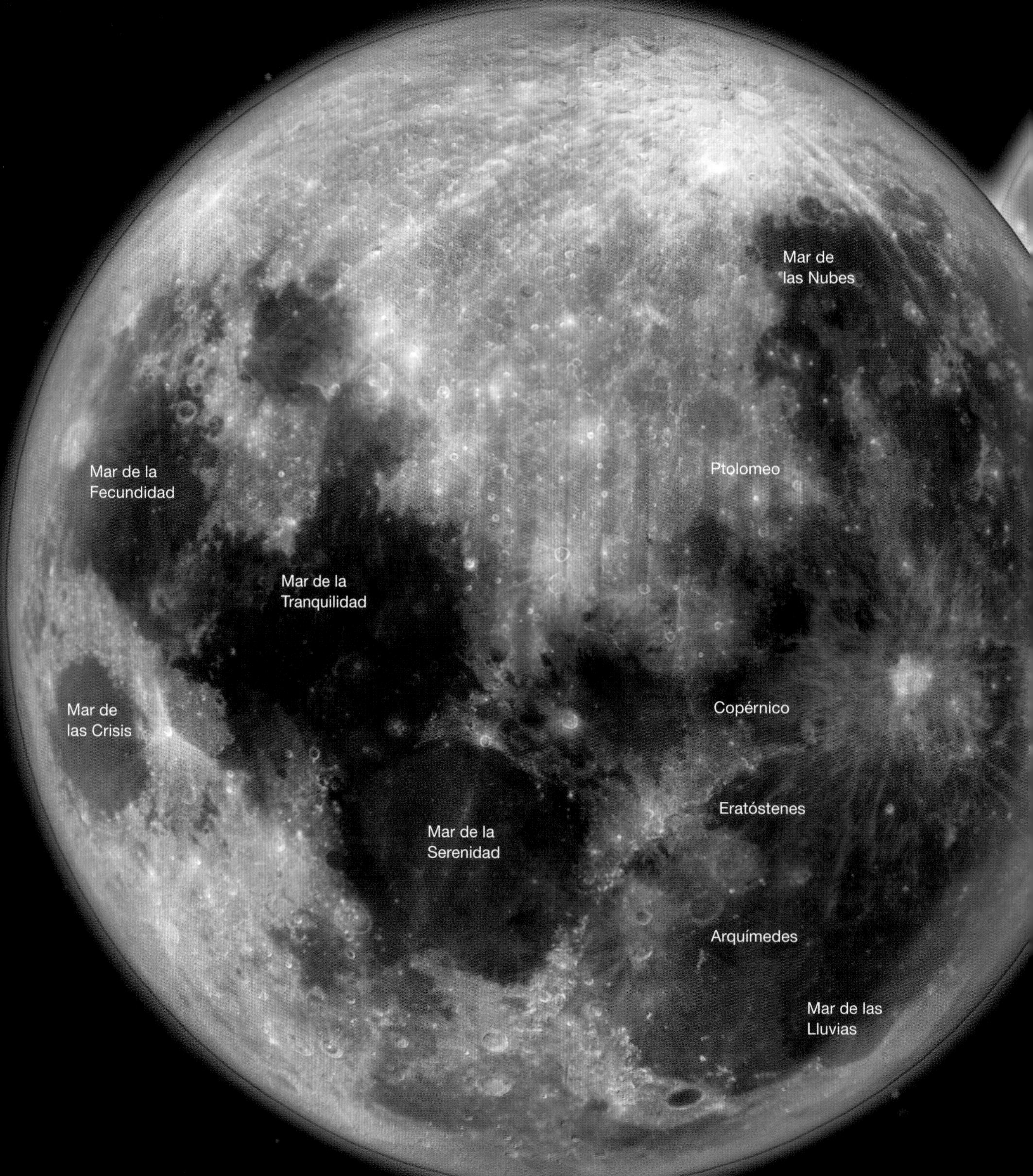

Mar de las Nubes

Mar de la Fecundidad

Ptolomeo

Mar de la Tranquilidad

Mar de las Crisis

Copérnico

Eratóstenes

Mar de la Serenidad

Arquímedes

Mar de las Lluvias

¿Mares sin agua?

Los astrónomos de la época de Galileo pensaron que las llanuras de la Luna estaban cubiertas con agua, y por eso las identificaron como mares. Actualmente se sabe que en la Luna no hay agua, pero la denominación de mar ha persistido hasta la actualidad. El más grande de los mares es el *Mare Imbrium* (Mar de las Lluvias), con aproximadamente 1120 km (4,100 ft) de diámetro. Los nombres de personalidades científicas corresponden a cráteres.

1 Montañas

Los mares o llanuras lunares están rodeados por mesetas y cadenas de montañas. Algunas de estas montañas han sido identificadas con nombres como Alpes, Pirineos y Cárpatos (como las cordilleras terrestres). La cordillera lunar más alta es Leibniz, con alturas de más de 6000 metros (19,000 ft).

2 Cráteres

La Luna ha sido impactada por meteoritos que provocaron la aparición de numerosos cráteres u hoyos en el suelo lunar. La mayoría de los cráteres tiene su origen en las primeras etapas en que se formó el satélite natural.

3 Rocas lunares

La superficie de la Luna se halla cubierta por el llamado «regolito lunar», un gran número de fragmentos de roca y polvo. Todas las rocas lunares se originaron por procesos ígneos de alta temperatura, en los que el agua desempeñó un papel mínimo o nulo.

4 Sin aire, sin agua, sin vida

Si bien existe alguna evidencia de la presencia de una atmósfera en la Luna, esta es demasiado pequeña y todavía no se ha podido analizar. La Luna es un cuerpo estéril, en el cual no existen organismos vivientes, fósiles o compuestos orgánicos.

5 Llanuras o mares

Son depresiones de gran extensión que fueron inundadas por lava. Algunas son oscuras porque predomina en ellas el basalto, una roca de tonos azulados y negros.

Hipótesis sobre el origen de la Luna

Las hipótesis que se manejan son similares a las que se plantean acerca de otras lunas del sistema solar. Una de las más aceptadas hasta ahora entre los astrónomos se basa en la teoría del «impacto gigante» o del «gran golpe».

1. El proceso se inició hace más de 4000 millones de años, cuando la Tierra todavía estaba en formación. Un cuerpo celeste fue atraído por la fuerza de gravedad de la Tierra.

2. El objeto de un tamaño aproximadamente similar al de Marte impactó en nuestro planeta.

3. Parte del material suelto originado por el impacto quedó en órbita alrededor de la Tierra.

4. Luego, el material se condensó y se agregó hasta formar la Luna, que quedó orbitando alrededor de la Tierra.

¿Cómo surge una supernova?

E sto ocurrió en la madrugada del 1 de mayo del año 1006: de pronto algo comenzó a brillar más y más en la constelación de Escorpio. En cuestión de horas, un pequeño punto luminoso se transformó en una mancha brillante mucho más grande que Venus. En distintas partes de la Tierra muchos observadores pudieron ver la «nueva estrella». Permaneció en el cielo durante algunos meses y luego desapareció. No era una nueva estrella, sino una supernova.

Novas y supernovas

Se denomina *nova* a una estrella cuyo brillo aumenta de forma repentina y luego palidece, y continúa existiendo durante cierto tiempo.
La *supernova* es una estrella que al explotar altera totalmente su estructura. Las novas pueden ser observadas con más frecuencia que las supernovas.

Estas imágenes tomadas por telescopios muestran la secuencia de una supernova muy brillante en 2006. La explosión se produjo en una galaxia distante a unos 3000 años luz.

En la imagen de la izquierda se observan los momentos previos a la explosión de la estrella (es el pequeño punto inferior a la izquierda de la brillante galaxia anfitrión).
En la imagen de la derecha se observa el mismo elemento transformado en una brillante supernova.

Momento previo a la explosión

Nueva estrella (por corto tiempo)

¿Veremos nosotros una supernova en la Vía Láctea?

Algunos científicos creen que la próxima supernova se puede producir en la estrella Eta Carinae. Se trata de una gigantesca estrella (entre 100 y 150 veces más grande que el Sol) distante 7500 años luz de la Tierra. Su explosión, si se produce y es captada en la Tierra, será el mayor espectáculo astronómico jamás visto por los humanos.

¿Cuántas supernovas se producen?

Los científicos creen que continuamente se producen supernovas en el Universo. Pero solo se pueden observar las que son captadas por los instrumentos con que los científicos cuentan hasta el presente. Una supernova famosa en una galaxia cercana a la Vía Láctea fue la que se produjo en Andrómeda en 1885.

¿Qué queda después de la explosión?

Una supernova es una explosión que marca el fin de algunas estrellas. En general, las supernovas se producen cuando las estrellas masivas agotan todo su abastecimiento de energía (su combustible) y colapsan como resultado de su propia gravedad. Tras la explosión puede ocurrir que: a) la estrella quede completamente destruida, o b) permanezca su núcleo central, que a su vez colapsa y origina un agujero negro o una estrella de neutrones. En la siguiente ilustración se observa cómo se transforma una supernova en una nebulosa con una estrella de neutrones en su núcleo.

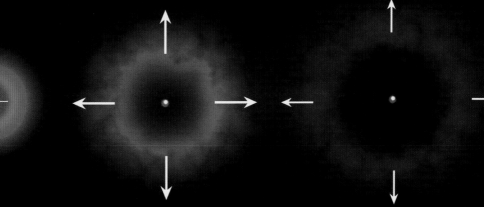

Desequilibrio en la estrella original

Explosión de supernova

Estrella de neutrones y restos de la estrella original que se expande

Estrellas efímeras pero gigantes

En 2006 fue captada una supernova originada en una estrella distante 240 millones de años luz.
La explosión produjo 50 000 millones de veces la luz emitida por el Sol y fue alrededor de 100 veces más poderosa que una supernova común. Se pudo observar durante los 70 días que duró la explosión.
Se cree que la estrella original tenía 150 veces el tamaño del Sol.

Supernova observada en 2006

Supernova

Galaxia de la supernova

Imagen tomada con telescopio en tierra

Imagen tomada con telescopio espacial de rayos X

Supernovas en la Vía Láctea

Todos los días explotan supernovas en el Universo y con el avance de los instrumentos tecnológicos, como los telescopios espaciales, cada vez ha sido más accesible verlas. Pero no es fácil detectar las que se originan en la Vía Láctea y menos a simple vista. Destacan cuatro supernovas en nuestra galaxia: las de los años 1006, 1054, 1572 y 1604.

La supernova del año 1006

Se considera que es la más brillante registrada en nuestra galaxia y observada a simple vista. Tuvo origen en la muerte de una vieja estrella localizada a unos 7000 años luz de la Tierra. Se la vio durante el día en la constelación de Escorpio y desde distintas partes del mundo.

La supernova del año 1604

Fue contemplada por Johannes Kepler y pudo observarse a simple vista durante 18 meses. En sus momentos de máximo brillo llegó a superar la magnitud de Júpiter; es la última supernova vista desde la Tierra y originada en la Vía Láctea, hasta el momento.

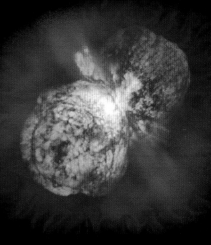

¿**Qué** es el Zodiaco?

Los pueblos de la Antigüedad observaban mucho el cielo y advirtieron que el Sol, la Luna y las estrellas cambiaban de posición en el transcurso de un año. Creían que el Sol y los demás astros giraban alrededor de la Tierra y por eso definieron una estrecha franja en el cielo denominada *zodiaco*. Esa franja abarcaba los recorridos o rutas aparentes del Sol, la Luna y las estrellas y los planetas que podían ver a simple vista.

Constelación Capricornio

Constelación Acuario

Las constelaciones y el Zodiaco
Las estrellas que se encuentran en la franja zodiacal o Zodiaco son agrupadas en constelaciones. Las primeras de ellas fueron imaginadas o creadas por los hombres de la Antigüedad, quienes les adjudicaron formas de animales, dioses o elementos de la vida cotidiana. La palabra zodiaco proviene del griego y significa «zona o círculo de animales (o de vida, o de almas)».

Constelación Piscis

Constelación Aries

Constelación de Escorpio (Escorpión)

Constelación Géminis

Constelación Tauro

Los planetas en el Zodiaco
A medida que los planetas del sistema solar fueron descubiertos se incorporaron como parte del Zodiaco. ¿Por qué? Debido a que las órbitas de la Tierra y de los otros siete planetas se encuentran en el mismo plano junto con el Sol, y ese plano es el que se identifica con la línea zodiacal o Zodiaco.

¿12 o 13 constelaciones del Zodiaco?

Entre las constelaciones, las más conocidas son las 12 que se observan en el mismo plano de la órbita terrestre y que fueron utilizadas en la Antigüedad para elaborar el calendario solar. Para los astrónomos actuales las constelaciones zodiacales son 13 y no 12. La constelación número 13 es la de Ofiuco. En la imagen central del Zodiaco presentada en esta lámina se ubica entre Escorpio y Sagitario.

Constelación Ofiuco

Constelación Sagitario

Constelación Escorpio

La franja o rueda zodiacal se dispone en 360 grados y fue dividida por los astrónomos de la Antigüedad en 12 partes vinculadas con 12 constelaciones. A cada una le corresponde un mes del año.

Constelación Libra

Constelación Leo

Constelación Virgo

Constelación Cáncer

Los signos del Zodiaco

Las constelaciones del Zodiaco son utilizadas por las personas que practican la astrología para realizar horóscopos y adivinaciones sin ningún fundamento científico. En dicha práctica esas constelaciones se identifican con dibujos llamados signos del Zodiaco.

Aries   Piscis

Acuario   Capricornio   Sagitario

Escorpio   Libra   Virgo

Leo   Cáncer   Géminis   Tauro

¿Qué se oculta en un eclipse de Sol?

Secuencia de un eclipse total de Sol.
Este tipo de imágenes se logra mediante una composición fotográfica.

D urante un eclipse de Sol, la Luna se interpone entre el Sol y la Tierra y oculta momentáneamente su luz. Los eclipses de Sol son fenómenos naturales que despiertan mucha admiración entre la población porque en pleno día, en una determinada zona, el Sol puede desaparecer o quedar semioculto. Esto provoca un oscurecimiento e incluso el anochecer durante algunos minutos.

Tales (o Thales) de Mileto

En la Antigüedad la mayoría de las personas consideraba a los eclipses como un mal presagio de los dioses. Los historiadores dan cuenta de que Tales de Mileto, uno de los más importantes filósofos griegos de entonces, predijo un eclipse de Sol que se produciría en Asia menor en el año 585 a. C. Este habría ocurrido en pleno día cuando los medas y los lidios estaban a punto de batirse en lucha. El hecho inspiró tanto temor en los guerreros que declararon la paz y suspendieron el combate.

Sol —————————————

Cómo mirar un eclipse de Sol

Es importante tener en cuenta que es peligroso para el ojo humano fotografiar u observar sin filtros – en forma directa o mediante algún instrumento telescópico– al Sol en las etapas de eclipse parcial o anular

Telescopios que permiten ver el eclipse en forma indirecta y segura. El eclipse queda reflejado en una pantalla

Eclipse total o parcial de Sol

Los eclipses solares pueden ser *totales* (cuando el Sol queda oculto completamente) o *parciales* (cuando solo queda oculta una parte del mismo). El eclipse parcial puede durar una hora y el total entre tres y ocho minutos.

Zonas afectadas por el cono de penumbra desde donde se observa el eclipse parcial.

¿Desde cualquier parte de la Tierra se puede observar un eclipse de Sol?

Solo se observa este fenómeno natural en la zona del planeta donde se proyectan el cono de sombra y el de penumbra. La imagen de la izquierda es un ejemplo.

Debido al movimiento de rotación terrestre y al movimiento de la Luna alrededor de la Tierra, la zona de sombra durante el eclipse solar se mueve sobre la superficie terrestre a unos 15 km/s (9.3 mi/s). De esta forma se produce una zona de eclipse total y dos zonas de eclipse parcial (al norte y al sur de la primera).

Zona afectada por el cono de sombra desde donde se observa el eclipse total.

Para que tenga lugar un eclipse de Sol es necesario que los tres astros, Sol, Luna y Tierra (en ese orden), se encuentren ubicados en línea recta en el espacio. Solo dos veces por año, cerca de la Luna nueva, se produce esta alineación y son posibles los eclipses de Sol.

Zona de la Tierra donde se proyecta el eclipse de Sol.

Cono de sombra y de penumbra o sombra atenuada.

Luna

Eclipse anular

En ocasiones, el cono de sombra no llega a tocar la superficie terrestre porque la Luna está más lejos de nuestro planeta.

En este caso, la Luna se ve más pequeña que el Sol, y se produce un eclipse anular.

¿**Qué** son los meteoritos?

En el espacio hay rocas o minerales de distintos tamaños (pero más pequeños que un asteroide) que suelen bombardear los planetas y satélites naturales del sistema solar. Son fragmentos de planetas, satélites, asteroides y cometas que son atraídos hacia los cuerpos celestes de mayor tamaño. Se llaman, en general, meteoroides, y cuando impactan en la Tierra, son identificados como meteoritos.

¿La Tierra también recibe visitantes del espacio exterior?

El meteoroide es interceptado por la Tierra y se precipita sobre ella a gran velocidad. Cada año millares de meteoroides entran a la atmósfera, pero la mayoría se desintegra o vaporiza antes de llegar a la superficie terrestre.

Cráteres en la Tierra

La mayoría de los cráteres originados por meteoritos no se ven en el paisaje porque los procesos de erosión y sedimentación cambian su fisonomía. Hasta hoy se han reconocido más de 100 cráteres terrestres formados por el impacto de meteoritos (que provienen, en general, de asteroides).
El de la foto (de 174 m [570 ft] de profundidad y 1250 m [4,100 ft] de diámetro) se produjo hace unos 50 000 años. Otro cráter famoso es el Chicxulub (México). Se cree que, debido en gran medida al impacto que ocasionó el meteorito, ocurrió un cambio climático hace unos 65 millones de años que provocó la extinción de los dinosaurios.

Cráter Barringer, en Arizona, Estados Unidos

¿Caen muchos meteoritos en la Tierra?

Sí, son muchos pero, en general, no son lo suficientemente grandes para producir un gran impacto.

Los únicos extraterrestres conocidos hasta hoy

Los meteoritos son muy estudiados por los científicos de todo el mundo, ya que son una muestra de elementos y procesos extraterrestres. Se estudia su composición física y química y se realizan comparaciones con minerales y rocas de la Tierra. Uno de los elementos más comunes que se encuentra en ellos es el hierro.

Muestras de meteoritos

Su tamaño, peso y morfología son variables. El origen extraterrestre de los meteoritos fue reconocido a principios del siglo XIX.

Meteoros y meteoritos

Los meteoroides se transforman en meteoros o bolas incandescentes cuando entran en la atmósfera y se encienden por la fricción del aire. Son objetos luminosos en el cielo.

Los fragmentos del meteoro que no se desintegran impactan en la Tierra como meteoritos y pueden ocasionar una explosión que forma un hoyo o cráter.

La mayoría de los meteoritos se descomponen en partículas pequeñas cuando golpean la Tierra, pero en algunas ocasiones se conservan fragmentos de mayor.

¿**Cómo** es una estación espacial?

Las estaciones espaciales son construcciones de gran importancia para el estudio del planeta Tierra y el resto del Universo. En 1998 se comenzó a construir la Estación Espacial Internacional, un proyecto compartido por cinco organizaciones: la NASA (Estados Unidos), la Agencia Espacial Federal Rusa (Rusia), la Agencia Japonesa de Exploración Espacial (Japón), la Agencia Espacial Canadiense (Canadá) y la Agencia Espacial Europea (en la que participan Alemania, Austria, Bélgica, Dinamarca, España, Finlandia, Francia, Irlanda, Italia, Noruega, Países Bajos, Portugal, Reino Unido, Suecia y Suiza).

La Estación Espacial Internacional por dentro

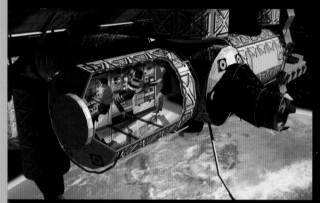

La imagen muestra un sector de la Estación Espacial Internacional (ISS, por sus siglas en inglés: International Space Station), donde se encuentra uno de los laboratorios. Como ocurre en otras naves espaciales, las personas viven en un espacio con muy poca gravedad y, por tanto, flotan.

¿Qué puede aportar la ISS?

Además de brindar información del espacio a través de telescopios y otros instrumentos de alta tecnología, es un laboratorio para experimentos que en la Tierra son difíciles de realizar. También es una plataforma de lanzamiento para viajes espaciales tripulados.

La imagen representa el proyecto terminado.

En la imagen se muestra el encuentro entre la estación espacial Mir y el transbordador estadounidense Atlantis. La Mir realizó varios trabajos conjuntos con otras naciones, especialmente con Estados Unidos.

Las estaciones espaciales

En 1971 la ex Unión Soviética puso en marcha el programa *Salyut*, que consistía en la construcción de varias estaciones espaciales que se reemplazarían cada dos o tres años. Comenzó con la *Salyut 1* y terminó con la *Salyut 7*, que dejó de funcionar en 1986. En 1991 sus fragmentos cayeron a la Tierra. En 1973 la NASA puso en órbita la estación *Skylab* que duró unos 171 días en el espacio hasta que cayó en Australia. En 1986 los soviéticos lanzaron el programa Mir y, posteriormente, se proyectó la actual Estación Espacial Internacional.

La Mir

Antes que la ISS, otra importante estación espacial orbitó la Tierra: la Mir, construida por la ex Unión Soviética. En 1986 fue lanzado desde el cosmódromo soviético de Baikonur (hoy Kazajstán) el cohete que llevaba el módulo básico de la Mir. A partir de entonces, y durante diez años, diferentes módulos fueron añadidos a la estación. Su historia finalizó en 2001 cuando se programó que cayera y desapareciera en el océano Pacífico. Uno de los hechos que más destacan en este proyecto es la hazaña del cosmonauta ruso Valeri Poliakov, quien permaneció a bordo 438 días consecutivos.

¿Cómo se construye la ISS?

Las estaciones espaciales en general se construyen por etapas, ensamblando módulos en el espacio. En el caso de la ISS, los transbordadores cumplen un importante papel, ya que son los que llevan hacia el espacio tanto los componentes tecnológicos como los astronautas y científicos que trabajan periódicamente en la estación. En la imagen se observa un transbordador acoplando los primeros módulos de la ISS.

Estas son algunas características del proyecto de la Estación Espacial Internacional:

Laboratorios: 6	**Longitud:** 108 m (354 ft)
Ocupantes: 7 personas	**Anchura:** 74 m (242 ft)
Altitud: 380 km (236 mi)	**Masa total:** 415 toneladas
Velocidad: 26 000 km/h (16,155 m/h)	**Vida útil:** mínimo 10 años
Órbita terrestre: una cada 90 minutos	**Inversión:** más de 20 000 millones de euros

Algunos de los módulos que se ensamblan son laboratorios; otros son habitaciones para la tripulación o donde se encuentran los dispositivos para hacer funcionar la estación.

Paneles que permiten captar la energía solar.

¿En **qué** se parecen una
nebulosa y una supernova?

Las nebulosas son formaciones de gas y polvo de las que nacen las estrellas o producidas al final de la vida de las estrellas. Las supernovas o grandes explosiones son una de las formas en que mueren las estrellas. Lo que queda de una explosión es una nebulosa en expansión, de la que pueden nacer nuevas estrellas. Parte de esto es lo que nos dice la historia de la nebulosa del Cangrejo, uno de los cuerpos celestes más estudiados por los astrónomos en la actualidad.

Explosión de supernova

Unos 5000 años a. C., y a unos 6300 años luz de distancia de la Tierra, se producía una gran explosión en la Vía Láctea. Una estrella moría y se convertía en supernova. Ese espectáculo no pudo ser visto por ningún habitante de la Tierra dada la distancia entre uno y otro cuerpo celeste. Pasarían muchos siglos antes de que la luz de la supernova llegara a la Tierra.

En el año 1054 astrónomos de China y Japón pudieron observar una supernova. Se trató de una estrella, distante unos 6300 años luz de la Tierra y diez veces más grande que el Sol, que murió en una explosión colosal. Se registró que fue cuatro veces más brillante que Venus y visible de día durante casi dos meses y al amanecer durante casi un año. Se cree que la supernova también fue registrada en pinturas y dibujos de los pueblos anasazi (que vivieron por esos tiempos en los actuales estados de Arizona y Nuevo México, en Estados Unidos).

La nebulosa en el catálogo de Charles Messier

El 28 de agosto de 1758, Charles Messier buscaba el cometa Halley cuando se encontró con la nebulosa del Cangrejo. Este descubrimiento lo impulsó a elaborar un catálogo de nebulosas y cúmulos celestes para no confundirlos con cometas. Así nació el famoso catálogo Messier, muy utilizado por los astrónomos. La nebulosa del Cangrejo fue el primer objeto del catálogo con el nombre M1.

Púlsar

El púlsar de la nebulosa

La estrella de neutrones o púlsar (una estrella
de tan solo 20 km (12 mi) de diámetro que gira
sobre su eje 30 veces por segundo) es la fuente de
energía en el interior de la nebulosa y la que le da su
brillo. Emite especialmente rayos X y rayos gamma.
En unos 10 000 o 20 000 años el púlsar se irá
desacelerando y producirá cada vez menos energía
y, como consecuencia, la nebulosa se disolverá en
el espacio.

Una nebulosa muy observada

La nebulosa del Cangrejo, o M1, ha sido
muy observada y estudiada desde
su descubrimiento. En 1942 se publicó
un artículo que explicaba la relación
entre la nebulosa del Cangrejo y la estrella
observada por los chinos en 1054.
¿Por qué los astrónomos se interesan tanto
en ella? Porque se han podido observar
todas las piezas del rompecabezas:
la explosión, la nebulosa y el púlsar.

En 1731 el astrónomo aficionado
británico John Bevis identificó
una nebulosa que luego, en 1844,
el astrónomo irlandés William Parsons
denominó nebulosa del Cangrejo,
por su particular forma. Ninguno
de los dos asoció la nebulosa
con la supernova del siglo xi.

En la actualidad, gracias a los modernos telescopios,
los astrónomos tienen numerosas evidencias de que
la nebulosa del Cangrejo es lo que quedó de la explosión
de la supernova que vieron los chinos unos 1000 años atrás.
Los radiotelescopios han identificado en su centro un púlsar,
es decir, una estrella neutrónica que gira a gran velocidad; es
el corazón aplastado de la estrella que explotó.

Línea del tiempo

¿**Qué** es una
lluvia de estrellas?

A veces, desde la Tierra se ven, sin necesidad de ningún telescopio, luces que caen en el cielo. Si bien este fenómeno se conoce como «estrella fugaz» (en inglés, *falling star*), no se trata en realidad de estrellas sino de restos de cometas y asteroides que no llegan a convertirse en meteoritos.

En cualquier noche se puede producir en la atmósfera la entrada de meteoros que cruzan el cielo como una estrella fugaz. Pero una lluvia de meteoros es un acontecimiento especial en el cual pueden ser vistos decenas e incluso cientos de meteoros en una hora.

La «lluvia de estrellas» parece provenir de un sector del cielo que recibe el nombre de radiante.

¿Cómo se produce una lluvia de estrellas?

En su órbita alrededor del Sol, la Tierra puede encontrarse con pequeños restos de cometas y asteroides que también tienen órbitas que rodean el Sol. Estos restos entran en la atmósfera atraídos por la gravedad del planeta. En su rápida caída hacia la superficie terrestre se encienden por la fricción a altas velocidades (10 a 70 km/s [6.2 a 43 mi/s]). Su vida como meteoros o estrellas fugaces es muy corta, ya que rápidamente se convierten en cenizas.

Sol

Tierra

Punto de encuentro

Cometa

Antes y después de las estrellas fugaces de 1833

Ese año se produjo una lluvia de meteoros de tal magnitud que en algunos lugares del este de Estados Unidos cundió el pánico entre la población. Muchos creyeron que el suceso, que duró unas tres horas, anunciaba el Juicio Final (o fin de la humanidad). Hasta ese momento se creía que las estrellas fugaces eran fenómenos atmosféricos, y por eso se las denominaba meteoros. El impacto de la lluvia de estrellas de 1833 (hoy sabemos que eran las Leónidas) impulsó a varios científicos a investigar el verdadero origen de tal fenómeno. Uno de los primeros fue Denison Olmsted, que en 1834 afirmó que las estrellas fugaces provenían de una nube de partículas situada en el espacio. A partir de ese momento, las investigaciones se fueron acercando cada vez más al conocimiento de este fenómeno astronómico.

Lluvias de estrellas más famosas

Las lluvias de estrellas ocurren periódicamente. No siempre se pueden ver, pero a veces ofrecen un espectáculo impresionante, con gran cantidad de cuerpos luminosos atravesando el cielo. Se las identifica dándoles un nombre que indica la región del cielo donde parece que tienen origen y que corresponde a una constelación. Por ejemplo, los fragmentos del cometa Tempel-Tuttle llegan a la Tierra desde la dirección en que se ve la constelación de Leo. Por eso, la lluvia de estrellas de esta fecha se llama «Leónidas». La mayoría de estas lluvias de estrellas se originan en restos de cometas, salvo el caso de las Gemínidas (7-17 de diciembre), que surgen de restos del asteroide Phaeton.

Lluvia	Fechas	Cometa asociado
Líridas	10-20 de abril	Thatcher
Acuáridas	1-8 de junio	Halley
Táuridas	24 junio-6 de julio	Encke
Perseidas	25 julio-17 de agosto	Swift-Tuttle
Dracónidas	9-10 de octubre	Giacobini-Zinner
Oriónidas	18-26 de octubre	Halley
Andromédidas	2-27 de noviembre	Biela
Leónidas	14-21 de noviembre	Tempel-Tuttle
Úrsidas	17-24 de diciembre	Tuttle

Lluvia de estrellas en la Luna

En la Luna también se puede formar una lluvia de estrellas. Pero, como su atmósfera es tan tenue, casi inexistente, los meteoros o estrellas fugaces se pueden convertir en meteoritos. Esto ocurre porque las partículas no se desintegran rápidamente y llegan hasta la superficie lunar, donde impactan e incluso pueden formar un cráter.

No es lo mismo con atmósfera que sin atmósfera

En este ejemplo se observa cómo, en la Luna, debido a la ausencia de atmósfera, un meteoroide en lugar de ser una estrella fugaz se convierte en meteorito. Sin la atmósfera no podrían verse estrellas fugaces en la Tierra.

¿**Qué** es un eclipse lunar?

D esde la Tierra vemos ocasionalmente a la Luna con características particulares: está más brillante, tiene un halo que la hace parecer más grande, aparece semioculta o de color rojizo. Parte de estos fenómenos ocurren por un proceso astronómico, el eclipse de Luna, pero otros se producen cuando los rayos de luz atraviesan la atmósfera.

Luna roja
La atmósfera terrestre absorbe principalmente radiaciones azules; por este motivo, la Luna, al encontrarse dentro del cono de sombra de la Tierra, adquiere un color rojizo (la radiación que no es absorbida en la Tierra y que la Luna refleja).

El eclipse de Luna visto desde la Tierra
El dibujo representa el eclipse lunar del 16 de mayo de 2003, visto desde el hemisferio norte.

Eclipse penumbral

Eclipse total

Umbra

Penumbra

Eclipse penumbral: parte de la Luna está en sombra y parte iluminada.
Eclipse total: la Luna entra por completo en la umbra; si se adentra parcialmente, será eclipse parcial.

Eclipse lunar
Este fenómeno astronómico se produce cuando están alineados en la misma línea que el Sol, la Tierra y la Luna. Debido a que la Tierra se interpone entre la Luna y el Sol, por unas horas no podemos ver la Luna (está eclipsada). En promedio ocurren más eclipses solares que eclipses lunares. Pero estos últimos son vistos al mismo tiempo en todo el hemisferio terrestre en donde es de noche, a diferencia de los eclipses solares que solo son visibles en una parte del hemisferio en donde es de día.

Los halos son fenómenos atmosféricos muy vistosos por su luminosidad. Se producen cuando la luz del Sol o la que refleja la Luna pasa a través de una capa de estratocirros –finas capas de nubes de hielo– que flotan a 6000 y hasta 10 000 m de altura. Un halo es un anillo, arco, columna o mancha usualmente de color blancuzco. Los halos lunares aparecen con mayor frecuencia en el hemisferio norte en enero, y en julio en el hemisferio sur. Muchas veces se han vinculado los halos lunares con otros fenómenos terrestres. Por ejemplo, cuando la Luna tiene halo se dice que tiene «casa», que anuncia un cambio de clima y que ese cambio puede provocar enfermedades. En este caso, se relaciona el hecho de que la presencia de hielo en la atmósfera (en las nubes de cirros) anuncia la llegada de masas de aire frío, y el frío puede generar enfermedades respiratorias.

El eclipse de Luna según los pueblos antiguos

Para los pueblos antiguos de China los eclipses se producían cuando un dragón celestial se comía el Sol o la Luna. Los astrónomos aztecas sabían que los eclipses de Luna eran producidos por la sombra de la Tierra; sin embargo, los representaban como un animal que se tragaba a la Luna. Se cree que al observar los eclipses lunares, los griegos comprobaron la forma redondeada de la Tierra por su reflejo en la superficie de la Luna.

El eclipse de Luna visto desde el espacio

Cuando la Tierra se interpone entre el Sol y la Luna en la misma línea proyecta una sombra que llega hasta la Luna. En ella se pueden distinguir dos partes. La *umbra*, que es el sector de sombra total, y la *penumbra,* que es el sector de sombra más atenuada.

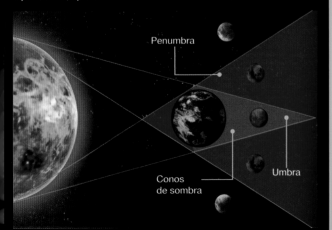

El alineamiento de la Luna llena

Los eclipses de Luna ocurren en los días próximos al primer día de Luna llena, pero solo si se produce una alineación perfecta de los astros. Como el plano de la órbita lunar está inclinado unos cinco grados con respecto al plano de la órbita terrestre, solo en determinadas ocasiones la Luna llena está alineada con la Tierra y el Sol (alineación perfecta). Por ello los eclipses no ocurren cada mes, sino aproximadamente cada seis meses.

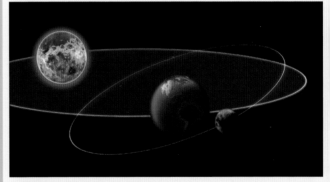

Luna llena en alineación perfecta: se produce eclipse de Luna.

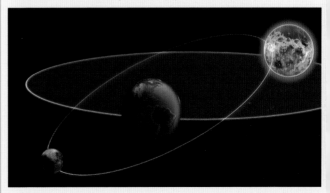

Luna llena en alineación imperfecta: no se produce eclipse de Luna.

¿Cómo calienta el Sol a la Tierra?

D ebido a la inclinación del eje de rotación de la Tierra, durante el movimiento de traslación alrededor del Sol los rayos solares llegan a la Tierra con diferente intensidad, según las zonas y las épocas del año. Nuestro planeta describe una órbita casi circular alrededor del Sol que se completa en aproximadamente 365 días y 6 horas. En esa trayectoria la Tierra ocupa respecto al Sol cuatro posiciones principales o *estaciones astronómicas:* son los dos equinoccios y los dos solsticios.

Equinoccio de marzo:
La Tierra se encuentra en una posición intermedia entre el perihelio y el afelio. Los rayos son perpendiculares al ecuador y tienen menor intensidad tanto los que inciden en el hemisferio norte como en el hemisferio sur.

Verano en el hemisferio norte

Invierno en el hemisferio sur

Solsticio de junio: La Tierra se encuentra cerca del afelio, la posición más alejada del Sol (a 152,2 millones de kilómetros [94 mill. mi]). El hemisferio norte está inclinado hacia el Sol y por eso recibe sus rayos con la mayor intensidad. Los rayos son perpendiculares al trópico de Cáncer. En el hemisferio sur, en cambio, la radiación solar es menos intensa.

Las estaciones en las zonas ecuatoriales
En las zonas próximas al ecuador no se producen cuatro estaciones tan marcadas como en las latitudes medias porque las variaciones en la altura del Sol y en la incidencia de los rayos solares no son significativas. Se podría decir que allí predomina el verano.

Otoño en el hemisferio norte

Otoño en el hemisferio sur

Las estaciones en las zonas polares

Los rayos solares llegan muy oblicuos a las dos zonas polares y tienen muy poca intensidad. Se podría decir que en esas regiones predomina el invierno. Se identifican dos períodos de seis meses: uno comienza en el equinoccio de otoño, cuando el Sol va disminuyendo su altura sobre el horizonte hasta que en el solsticio de invierno se produce la noche polar (el Sol desaparece 24 horas); el otro se inicia en el equinoccio de primavera, cuando el Sol va aumentando su altura sobre el horizonte hasta que en el solsticio de verano se produce el Sol de medianoche (el Sol no se oculta durante 24 horas).

Solsticio de diciembre: La Tierra se encuentra cerca del perihelio, la posición más cercana al Sol (a 147,7 millones de kilómetros [91 mill. mi]). El hemisferio sur está inclinado hacia el Sol y por eso recibe sus rayos con la mayor intensidad. Estos son perpendiculares al trópico de Capricornio. En cambio, en el hemisferio norte los rayos solares llegan más oblicuos y por eso son menos intensos.

Invierno en el hemisferio norte

Verano en el hemisferio sur

Equinoccio de septiembre: El planeta se encuentra en una posición similar al equinoccio de marzo. La zona del ecuador es la que recibe los rayos con mayor intensidad.

Primavera en el hemisferio sur

Por qué cambia la intensidad de los rayos solares

La *inclinación del eje* de rotación de la Tierra respecto del plano de la órbita provoca que los rayos del Sol incidan de forma diferente a lo largo del año en el hemisferio norte y el hemisferio sur.
Se llaman *latitudes medias* a las zonas que se extienden entre los trópicos y los círculos polares. En ellas, en general, se producen cuatro estaciones a lo largo del año.
La altura del Sol sobre el horizonte varía a lo largo del año: es mucho menor en el invierno y los rayos solares tienen menos intensidad porque son más oblicuos (la misma radiación solar se reparte a una superificie mayor).

Verano

Invierno

El Abecé Visual de LA TIERRA

El Abecé Visual de ANIMALES SALVAJES

El Abecé Visual de LOS INVENTOS QUE CAMBIARON EL MUNDO 1

El Abecé Visual de MEDIOS DE TRANSPORTE

El Abecé Visual de EL UNIVERSO

El Abecé Visual de EL UNIVERSO

El Abecé Visual de LOS INVENTOS QUE CAMBIARON EL MUNDO 1

El Abecé Visual de LA HISTORIA

LE PENSEVR

El Abecé Visual de PLANTAS Y FLORES

El Abecé Visual de LOS INSECTOS

El Abecé Visual de PAÍSES, RELIGIONES Y CULTURAS DEL MUNDO

El Abecé Visual de MITOS Y LEYENDAS UNIVERSALES

El Abecé Visual de BOSQUES, SELVAS, MONTAÑAS Y DESIERTOS